―
알기 쉬운 창업과 기업가정신

"창업은 부를 창조하고, 기업가정신은 신용을 창출한다."

도서출판 윤성사 021
알기 쉬운 창업과 기업가정신

초판 1쇄 2018년 8월 1일
     2쇄 2019년 8월 30일

지 은 이 김환철 · 김영재
펴 낸 이 정재훈
디 자 인 정정훈

펴 낸 곳 도서출판 윤성사
주　　소 서울특별시 서대문구 서소문로27, 충정리시온 409호
전　　화 편집부_02)313-3814 / 영업부_02)313-3813 / 팩스_02)313-3812
전자우편 yspublish@daum.net
등　　록 2017. 1. 23

ISBN 979-11-88836-11-6 (93350)
값 18,000원

© 김환철, 김영재, 2018

저자와의 협의에 의해 인지는 생략합니다.

이 책의 전부 또는 일부 내용을 재사용하려면 반드시 사전에 저작권자와
도서출판 윤성사의 동의를 받아야 합니다.

잘못 만들어진 책은 구입하신 서점에서 교환 가능합니다.

알기 쉬운

창업과 기업가정신
STARTUP
& Entrepreneurship

도서출판 윤성사

머리말

최근 들어 국가적인 측면에서는 물론이거니와, 대학에서도 취업과 창업이 가장 큰 이슈이자 과제다. 이 두 가지는 반드시 해결해야 하는데도 불구하고 그 해결이 쉽지 않다. 취업과 창업을 같은 맥락에서 바라보기도 하지만 실질적으로 다소 다른 면이 존재한다. 취업은 청년고용창출이라는 국가적 지원 아래, 취업에 관련한 다양한 프로그램이 산재되어 프로그램에 대한 이해도 및 미스매칭을 방지하기 위한 지속적인 정책이 개발 보완되고 있다. 이에 반하여 창업은 사실 대학생을 포함한 일반인조차도, 정책지원과 구체적인 방법론에 대한 정보 소외가 발생하고 있으며 청년창업은 불가능에 가깝다고 생각하는 영역이다.

이 책의 목적은 창업과 기업가정신을 알기 쉽게 전달하고, 창업에 대한 이해도를 높임과 동시에 실제 창업자들에게도 유익한 정보를 제공하는데 초점이 있다. 한국에서 1990년대 외환위기를 겪으면서 벤처기업의 설립과 운영이 시작된 이래 창업의 생성과 소멸은 수없이 반복되고 있으며, 준비 없는 창업이 폐업으로 이어지면서 사회문제가 되기도 했다. 창업은 부를 창조하고 기업가정신은

• Introduction 머리말 •

신용을 창출한다. 모든 창업가는 이윤을 추구해서 부를 창조하려는 희망을 가진다. 이렇게 하려면 창업가는 신용을 바탕으로 기업가정신을 갖추어야 하며 그것은 소비자가 구매할 수 있는 제품과 서비스로 나타난다. 그 과정에서 창업가는 아이디어와 자본을 갖추어야 한다. 그렇게 하려면 다양한 지식과 정보를 배우면서 강한 의지와 열정을 가지고 창업을 준비해야 하며, 이러한 의지와 열정에 더하여 철저한 사전지식이 없이 시작한 창업의 성공가능성은 '낙타가 바늘구멍을 통과'하기 만큼 어렵다.

창업은 처음부터 할 수도 있고 퇴직 이후 새롭게 시작할 수도 있다. 연령, 학력, 성별 등에 제한이 없는 창업은 이미 수많은 사업체와 종사자와 연결되어 있다. 이제는 국내만이 아니라 해외까지 확대되었으며 오프라인만이 아니라 온라인까지 그 영역은 무한대. 그렇기 때문에 창업에 이르는 모든 과정과 창업 직후에 필요한 다양한 지식과 정보를 반드시 알아둘 필요가 있다. 이런 목적성 아래 실제 창업을 희망하는 사람, 창업과 기업가정신이 궁금한 사람, 창업을 하지 않더라도 관련된 내용을 창업 전 사전지식으로 알고 싶은 사람에게 도움을 주려고, 적지 않은 시간 동안 기획하고 집필한 책이다.

　이 책의 구성은 첫째, 거시적인 맥락에서 창업의 개념과 동향으로 창업의 개념, 범위, 대학과 실업 현황, 취업 경향, 창업 생태계를 살펴보면서 창업에 대한 전반적인 이해도를 높였다. 둘째, 기업가정신의 개념, 배경, 가치, 교육 목적을 알아보고 스스로 기업가정신을 진단할 수 있는 내용을 담았다. 특히, 후천적으로 계발할 수 있는 기업가정신과 리더십의 관계를 설명하였으며, 본인 스스로 기업가정신 등을 체크할 수 있도록 하였다. 셋째, 창의력의 의미, 단계, 기존 사고방식을 전환할 수 있는 아이디어 발견 방법을 소개했다. 넷째, 창업 지식은 기존의 창업자들이 가장 어려워하면서 간과했던 부분이라 할 수 있는 기초 법률, 세무 상식, 노무 관리 영역으로 나누어 기본 개념을 중심으로 서술했다. 다섯째, 창업 업종은 기존 직종과 직업을 바탕으로 저출산 고령화에 따른 신생 업종과 전망을 제시했다. 특히, 미래의 변화에 대한 이해도를 높이는데 초점을 두었다. 여섯째, 문서 작성 요령과 직결되는 사업기획서와 소비자 중심의 마케팅 전략을 간략하

• Introduction 머리말 •

게 정리했으며, 기존의 창업자들에게는 매우 유용한 실무 자료를 제공하고자 한다. 마지막으로 창업지원제도는 전국 단위의 다양한 사업과 프로그램, 지역 단위의 맞춤형 지원에 대한 내용을 모았다. 창업을 원하는 사람과 실제 창업을 하고 있는 사람 모두에게 창업지원제도는 '사막의 오아시스'라 할 수 있으며 이해하기 쉽게 정리하는데 초점을 두었다.

이 책이 나오기까지 큰 도움을 주신 홍문종 경민대학교 설립자님, 유병조 부총장님, 홍지연 실장님과 대학의 교수님 및 산학협력단의 직원, 창업보육센터의 입주기업 대표들께 감사의 인사를 올린다. 책의 시작부터 끝까지 논리의 연계성을 이어주시고, 주요 내용과 정부 정책에 주옥같은 해석을 해주시면서 끝까지 같이 호흡해주신 김영재 교수님께 특별한 감사의 마음을 전한다. 특히, 지난 20여 년 동안 '오래된 사람이 좋다'는 표현이 가장 잘 어울리는 윤성사의 정재훈 대표님께 진심으로 감사의 마음을 전한다.

끝으로, 항상 지지해주는 가족인 아내 이명희와 아들 태우에게 그간의 미안함을 출간에 즈음에 늘 곁에서 힘이 돼주어 고맙다는 말로 대신한다.

많은 사람들은 "나무를 보지 말고 숲을 보라"고 말한다. 그렇지만 창업과 기업가정신이라는 책은 "정글"을 헤치면서 걸어가는 느낌으로 집필했다. 책을 출간하기 전 사실 두려운 마음이 든다. 최선을 다했지만 독자 입장에서는 너무나도 부족한 점이 많을 것이다. 혹여 잘못된 부분, 모자란 부분이 있으면 주저 없이 지적해주시길 바라며, 더욱 열심히 하겠다는 말로 모자람과 두려움을 대신한다.

2018년 여름

사패산 자락에서 김환철

차 례

제1장 창업의 개념과 동향 18

제1절 개념과 범위 21
  1. 개념 : 새로운 사업의 시작 21
  2. 범위 : 다양한 창업가 · 아이디어 · 자본 26

제2절 창업 동향 30
  1. 대학과 실업 현황 : 전공별 대학생 분포와 고용 불일치 30
  2. 취업 경향 : 신입사원의 모습 44
  3. 창업 생태계 : 생성과 소멸의 반복 47

제2장 기업가정신 60

제1절 개념과 가치 63
  1. 개념과 배경 : 신용 유지와 부의 창조 63

· Contents 차례 ·

   2. 가치와 교육 목적 : 개인 삶의 향상과 국가경쟁력 강화   65

제2절 기업가정신 진단과 리더십   69
   1. 기업가정신 진단 : 후천적 계발 가능   69
   2. 리더십의 필요성 : 경영자와 구성원 관계   81

제3장 창의력   84

제1절 의미와 단계   87
   1. 의미 : 새로움의 탄생   87
   2. 단계 : 몰입과 번뜩임   89

제2절 아이디어 찾기   91
   1. 기존 사고방식의 전환   91
   2. 아이디어 발견 방법   98

제4장 창업 지식   104

제1절 기초 법률   108

   1. 기본법 : 민법 · 상법   108
   2. 기업법 : 중소 · 벤처 · 창조 지원   113
   3. 지식재산권법 : 특허 · 디자인 · 실용신안 · 저작 · 보호   116
   4. 고용법 : 임금 · 채용 · 복지 · 평등   124
   5. 윤리 : 보호 · 안전 · 성희롱 · 청탁금지   130

제2절 세무 상식   135
   1. 세무 기초 용어   136
   2. 사업자등록과 절세   138
   3. 사업 승계와 성실 납세   141

제3절 노무 관리   144
   1. 사회보험 : 4대 보험   144
   2. 근로자 지원 : 급여 · 휴직 · 교육   146

제5장 창업 업종   156

제1절 기존 업종   160
   1. 직종과 직업의 기준 : 일상의 모든 것   160
   2. 산업 직무의 분류 : 표준화에 따른 사업체와 종사자   163

제2절 신규 업종   174
    1. 신생 직업 : 시대 흐름 반영   174
    2. 미래 직업 전망 : 인구구조 변화 고려   176

제6장 창업기획서와 마케팅 전략   188

제1절 문서 작성 요령과 사업기획서 만들기   191
    1. 문서 작성 요령 : 쉽게 읽도록 쓰기   191
    2. 창업기획서 만들기 : 명확성과 구체성   199

제2절 마케팅 전략   210
    1. 시장 전략 : 항상 주시하기   210
    2. 마케팅 방법 : 소비자 중심의 온오프라인 접근   212

제7장 창업 지원제도   220

제1절 전국 지원 제도   224
    1. 중앙부처 : 다양한 사업과 프로그램 지원   224
    2. 사회적기업 협동조합 : 공생과 공익   230

  3. 예술인 지원 사업 : 공정계약과 활동보장   237
  4. 전국 단위 사업 현황   240

제2절 지역 지원 제도   244
  1. 지역별 사업과 프로그램 : 맞춤형 지원   244
  2. 지역 단위 사업 현황   250

맺음말   257
참고문헌   261

부록   266

1. 표준 이력서와 자기소개서 양식   267
2. 표준근로계약서 유형별 양식   277
3. 참고사이트   281

찾아보기   283

제1장
창업의 개념과 동향

"당신은 바로 자기 자신의 창조자다."
– 앤드류 카네기(기업가)

■ 들어가기

창업은 새로운 사업의 시작을 의미하고 그 범위는 매우 다양하다. 창업을 이루는 기본 요소 세 가지는 창업가, 아이디어, 자본이다. 어느 하나라도 없으면 창업은 이루어지기가 어렵다.

창업의 동향을 살펴보는 시각은 여러 가지가 있다. 일단 전공별 대학생 분포 현황과 고용의 불일치 현상을 살펴보아야 한다. 취업 경향의 대표적인 사례로 신입사원의 모습을 알아볼 수 있다. 창업 생태계는 생성과 소멸이 끊임없이 반복되고 있다는 사실을 통계 자료를 바탕으로 확인할 수 있다.

■ 생각해보기

1. 자신이 생각하는 창업이란 무엇인가?.
2. 창업가, 아이디어, 자본을 제외한 다른 요소가 있는가?
3. 전공과 직업의 불일치를 어떻게 바라보는가?
4. 자신이 신입사원이라고 가정하면 어떤 행동을 할 것인가?
5. 자기 주변에 창업 생성과 소멸의 사례를 말할 수 있는가?

제1장

창업의 개념과 동향

1990년대 외환위기 이후부터 정부는 창업을 적극적으로 장려해오고 있으며 '벤처기업의 신화'가 널리 국민들에게 알려지면서 많은 관심을 받았다. 현재 문재인 정부는 대통령 공약으로 4차 산업 혁명 등에 관한 새로운 산업 발굴과 창업을 도모하고 있다. 특히, 일자리 상황판을 만들어 현재 경제 상황을 예의 주시하고 있다. 4차 산업혁명이라는 흐름에 정보통신기술 접목해 새로운 일자리를 만들려고 정부, 기업, 대학, (예비) 창업가가 열심히 노력하고 있다.

제1절 개념과 범위

1. 개념 : 새로운 사업의 시작

창업의 개념을 알아보기 전에 아래 질문에 답해보자.
① 몇 살에 처음 취업한다고 생각하나요? (고정적으로 월급을 받는 직장 기준)
② 몇 살에 마지막으로 퇴직한다고 생각하나요? (최대한 일했을 때 기준)

③ 퇴직 이후 몇 살까지 살 수 있을 것이라고 생각하나요? (의학적 사망 기준)

> 마지막 퇴직 시점 연령 – 첫 취업 연령 = 노동 가능 연수(시간)
> 사망 시점 – 퇴직 시점 = 저축한 재산으로 살거나 일을 "스스로 알아서"하는 기간

위와 같이 노동 가능한 시간은 25-35년 정도로 볼 수 있으며 완전한 은퇴 후 사망할 때까지 살아야 가는 기간도 어림잡아 20년(80-85세 사망을 기준으로)이다. 20년이란 시간은 매우 길며 건강하게 살더라도 일거리가 없으면 무기력한 시간을 보내기 쉽다. 일을 스스로 알아서 하는 기간에 많은 사람들은 재취업만큼 "자기 일"을 하고 싶어 한다. 여기서 말하는 자기 일이 바로 창업이다.

창업은 개인의 잠재력을 발휘해 이윤을 추구하고 성취감을 달성하는 동시에 산업구조 재편과 국가경쟁력 방향에 기여한다. 이상적인 창업은 창업→투자→기업 성장→자금회수→재투자(확장)의 순서로 이루어진다. 이 책은 창업 전 단계와 창업 직후 투자를 받아서 기업이 성장하기 전까지를 주로 다루고 있다. 창업 분야가 워낙 다양하고 창업가마다 개성의 차이가 있기에 모든 부분을 아우르는 내용은 없다. 특히, 획기적인 신기술 중심 창업부터 일상에서 쉽게 볼 수 있는 매장 개업까지 모두 창업이다. 눈에 확연히 드러나는 기업 설립부터 눈에 잘 보이지 않는 개인(1인) 사업까지 포괄한다. 창업은 개인이 잘 사는 방법일 뿐만 아니라 국가 경제를 향상하는 매우 중요한 기능을 하고 있다.

창업 이전에 기업가 정신 교육은 중요하며 청년 창업을 꿈꾸는 사람들에게

무엇이 필요하고 중요한지 정보를 제공해주는 사람(기관)은 반드시 있어야 한다. 특히, 정부나 대학 등에서 사회경험이 부족한 청년에게 창업이 성공했더라도 그 사업체가 자금을 회수하고 재투자에 이르기까지 지원(도움)을 꾸준히 해야 한다. 청년만이 아니라 처음 또는 혼자 창업하는 중장년, 노년층은 어떤 방식으로든지 창업 지식, 정보, 관심을 누군가와 나눌 수 있어야 한다. 혼자 고립되면 창의력을 발휘하기 어렵고 실패할 경우 깊은 "상실감"에 빠진다.

창업은 새로운 사업을 시작하거나 다른 사람의 사업을 인수해 다시 시작하는 것을 말한다. 인적, 물적 자원을 결합해 상품과 서비스를 생산, 조달, 판매, 기타 활동을 하는 것이다. 이 과정에 사람과 돈이 투입되는데 처음부터 거대 자본으로 시작할 수도 있지만 많은 경우 그 반대다. 창업이라는 단어는 기업가정신에서 번역된 것이며 "중소기업 설립"으로 볼 수도 있다. 동아시아 기업 문화에서는 "창업보다 수성(지키는 것)이 어렵다"는 말이 불문율로 통한다. 일을 새롭게 시작하는 것은 쉽지만 그것을 성공적으로 꾸준히 지키기가 어렵다는 의미로 창업과 수성은 상당히 다르다.

창업의 특징은 사람들마다 조금씩 다르다. 제품과 서비스를 생산 또는 판매하려고 지금까지 존재하지 않았던 새로운 기업을 설립하는 행위, 자본을 투자하고 생산설비나 건물 배치, 인원 선발하는 행위 등이다. 창업자, 제품, 자본을 기본 요소라고 할 수 있다. 제품과 자본은 피동적 요소지만 창업자는 능동적 요소로 그 재능, 지식, 경험은 기업에 커다란 영향을 준다. 인적, 물적 자원을 결합해 미리 정해놓은 목적을 달성하려고 다양한 활동을 하는 것이 창업이다. 아이디어와 일정한 목표 아래 생산요소를 적절히 결합해 제품 생산에 적합한 기업의 기초를 세우는 것이다. 창업은 기업가(창업자)가 중요하며 그 정신을 무엇보다 강조한다(경민대학교, 2017).

그 특징은 외국 전문가나 학자도 비슷하게 말한다. 창업은 새로운 조직을 만드는 행위, 기존의 낡은 방법을 파괴하는 "창조적 파괴", 새로운 일을 하는 과정인 혁신을 중요하게 여긴다. 자원, 노동, 재료, 창업자를 결합해 과거보다 가치 있는 조직으로 만드는 것이다. 부가가치를 창출하는 과정으로 위험을 감수하는 개인이 창업할 수 있다. 기업가 정신에서 다루는 창업자, 경영자, 조직설립, 혁신, 독특성, 가치창조, 이익창출, 기업 성장이 창업에서도 주요 주제다. 창업은 성장 잠재력이 충분히 있는 사업이면서도 자생력을 갖는 단계까지 포함한다.

Power Tip

모든 제품과 서비스에 기업가정신은 어떤 형태로든 반영되어 있다. 기업가정신은 이상적인 것부터 소소한 아이디어를 모두 일컫는다. 그러므로 기업가정신은 스스로 노력하거나 누군가로부터 꾸준히 배워야 한다.

이 책을 읽는 사람은 아마도 100세 시대라는 말을 당연히 듣고 살 것이다. 수명은 길어지지만 직장생활을 그만큼 오래 한다는 보장이 없다. 같은 직종에서 이직을 반복하거나 다른 직종으로 옮기는 전직을 하면서 최종적인 은퇴를 맞이할 것이다. 그렇다면 최종적으로 직장에서 나오면 내가 무슨 일을 할지 고민해야 한다.

직장 생활이 한계가 있기에 정부나 대학에서는 창업에 관심을 기울이고 있으며 현실적으로 많은 도움을 주고 있다. 그렇지만 창업에 관해 다양하고 폭넓은 교육을 받지 못하면 어떤 제도가 있는지, 지원을 받는 곳이 어딘지 등을 알기가 어렵다. 이미 선진국은 창업과 기업가정신을 의무적으로 청년들에게 교육하고 있으며 그들이 스스로 잘 살면서도 국가 전체에 기여하기를 바라고 있다.

문제는 학교 졸업을 앞두거나 졸업자가 창업하기는 사실 쉽지 않다. 한국에서 창업 후 생존율이 낮은 편이고 창업하려는 청년층은 안정성이 어느 정도 보장되면 취업을 더 선호한다. 다만, 일부 대기업을 중심으로 창업 경험이 있는 사람을 긍정적으로 인정해주기 시작하면서 청년 창업에 대한 인식도 달라지고 있다.

이렇게 창업의 긍정적인 내용만 이야기한다고 무작정 창업을 하라는 말은 결코 아니다. 그런데 아래에 해당되는 사람이 있기 때문에 창업과 기업가정신을 배우는 것은 한번쯤 필요하다.

① 창업과 기업가정신을 교양 지식으로 듣는 사람
② 창업에 전혀 관심이 없지만 일상에 필요한 정보를 알고 싶은 사람
③ 창업에 관심이 없지만 배우다보니 관심이 조금씩 생기는 사람
④ 창업에 관심과 의지가 있는데 배우다보니 생각을 바꾸는 사람
⑤ 기본적으로 창업에 관심과 의지를 가지고 더 확고해지는 사람

1번에 해당하는 사람은 취업(직장)에서도 한번쯤 마주할 만한 지식이나 정보

를 배울 수 있다. 2번인 사람은 최소한 누구에게 정보를 물어보고 어디서 찾는지를 알 수 있다. 3번과 5번인 사람은 창업을 실제로 준비하는데 도움이 되는 내용을 이 책에서 공부할 수 있다. 4번에 해당하는 사람은 처음에 창업에 관심을 가지고 준비하다가 계속 공부하고 교육을 받다보니 스스로 진로를 바꾸는 경우다. 교육 기간이 길고 경험자를 많이 대하다보면 창업이 자신에게 어울리지 않는다는 사실을 아는 사람이 여기에 해당한다.

다섯 가지 가운데 어느 것에 해당하더라도 괜찮다. 아래에서 배울 내용은 창업과 기업가정신을 쉽게 이해하는데 도움이 될 것이다.

2. 범위 : 다양한 창업가 · 아이디어 · 자본

창업의 범위가 매우 넓어서 국내외 전문가의 정의는 일치하지 않지만 인적, 물적 자원을 활용해 불확실한 환경을 감수하고 사업해서 이윤을 추구하는 창업자의 특성이라고 할 수 있다. 현재 창업의 대표적 사례는 "스타트업(startup company)"다. 이는 혁신 기술과 아이디어를 가진 새로운 벤처기업을 말한다. 스타트업은 불확실 상황에서 고객에게 새로운 상품을 제공하고 서비스를 만드는 조직이다. 기술을 기반으로 창업해서 빠르게 성장하는 기업이 되는 것이 궁극적인 목표다. 보통 외부 투자를 바탕으로 고위험 고수익 분야의 기업이 해당되며 한국에서는 "벤처기업"과 유사하다. "크라우드 펀딩"처럼 온라인에서 다수의 사람으로부터 소액을 모아서 투자 자금을 마련할 수 있다. 창업자와 종사자에게 이윤 창출, 사회적으로는 경제 활성화를 기대할 수 있다는 점에서 정부, 대기업, 액셀러레이터(스타트업 종합 지원 육성 기업), 대학, 밴처 캐피탈(신기술사업금융회사와 중소기업창업투자회사) 등에서 실제 많은 지원 협력을 하고 있다.

창업 요소는 일단 "창업자"가 있어야 한다. 그 대상인 "아이디어"가 만들어지고 그것을 구체적으로 실현하는 것은 "돈(자본)"이다.

첫째, 창업자는 자질, 능력, 의지, 체력을 갖추어야 한다. 기업을 완전하게 책임지는 사람이므로 창업자는 사업 성패를 가늠한다. 선천적 능력도 있지만 후천적으로 끊임없이 고민하고 배우는 자세가 무엇보다 중요한데 과거와 다르게 환경과 지식이 급격히 달라져서 그것을 모르면 실패한다.

둘째, 사업 아이디어는 다른 것이 아무리 잘 갖추어져도 이것이 없거나 잘못되면 실패한다. 소비자의 최종 판단은 아이디어가 구체화된 상품이나 서비스다. 소비자 시각에서 만족스럽지 못하면 다른 조건이 좋아도 무용지물이다.

셋째, 자본은 창업자의 의지와 아이디어를 모두 현실화하는 주체로 이것이 없으면 창업 자체가 불가능하다. 사업의 전부는 아니지만 돈이 많고 적음은 창업과 창업 이후를 실질적으로 움직인다. 창업자의 의지도 강하고 아이디어도 좋은데 자본이 없으면 실현하지 못한다. 그런데 자본이 많다고 성공하는 것은 아니며 자본을 잘못 사용하면 그만큼 효과가 없거나 비효율을 일으킨다. 이 때문에 창업자, 아이디어, 자본은 모두 중요하다.

창업 운영은 여러 가지 형태가 있고 창업자의 개성이 반영된다. 일단 스스로 자신이 기업을 만드는 신규 창업이 있다. 기존 사업을 다시 시작하는 사업 인수가 있다. 어디서나 쉽고도 많이 볼 수 있는 가맹점 창업이 있다. 따라서 창업자는 이 방법 가운데 적합한 것을 골라야 한다.

첫째, 신규 창업은 스스로 제품이나 서비스를 만들어서 이윤을 추구하는 형태다. 자신의 의지와 아이디어를 자유로운 시간에 시작할 수 있는 장점이 있고 성공하면 모두 자신의 것이다. 그렇지만 첫 출발하는데 많은 고민, 노력, 장애물을 극복해야 한다는 어려움이 있다.

둘째, 사업 인수는 기존 사업체를 바탕으로 사업을 시작하는 형태다. 현재 사업을 하고 있는 상태라서 어느 정도 수준인지 파악할 수 있고 거래처나 고객도 알기 쉽다. 재정 상태를 점검할 수 있고 사업체 활동 범위도 어렵지 않게 알 수 있다. 금융기관에서 판단하는 사업체의 수준, 이미지를 알 수 있기에 "신용"을 평가받을 수 있다. 그렇지만 사업체 인계(매각) 이유가 불분명한 경우, 부도 직전(문제가 있는) 업체인 경우, 인수한 다음 (인수 전 발생한 원인으로부터) 문제가 발생하는 경우가 있다는 문제가 있다.

셋째, 가맹점 창업은 신규 창업의 위험을 줄이고자 프랜차이즈에 가입하는 형태다. 가입하면 본사의 브랜드파워를 바탕으로 운영 방법을 교육받고 각종 교육훈련, 연수상담 프로그램에 참여해서 사업 능력을 키울 수 있다. 그렇지만 가입 조건이 까다로운 경우가 많다는 점, 브랜드파워의 하락이나 본사에 문제가 생길 때 대비방법이 마땅치 않다는 점이 어려움이라고 할 수 있다(경민대학교, 2017).

> **Power Tip**
>
> 가맹점 창업은 최초 상담을 받을 때부터 꼼꼼하게 따져야 한다. 특히, 계약서를 작성할 때 마지막까지 신중하게 판단해야 한다. 어떤 계약이나 마찬가지지만 목돈이 투자되면 완료(서명 날인) 후에 되돌리기는 매우 힘들다.

창업은 1인 기업부터 시작하는 경우가 많은데 "프리랜서"도 자유롭고 독립적으로 특정 분야에 대해 계약 조건에 맞춰서 일하는 사람도 해당된다. 어떤 조직이 일부 기능을 외부에 의뢰할 때 이를 맡아서 하는 사람을 프리랜서라고 한다. 2000년대에 들어서면서 조직에 속하지 않고 개인의 능력을 바탕으로 일하는 사람이 급격히 늘었다. 이른바 "전문가"로 인정받을 역량을 갖춘 사람이 많다. 창업의 범위를 넓게 생각하면 "프리랜서"도 포함할 수 있다(사업자등록이 되어 있는 사람이라면 창업한 것이다). 프리랜서를 포함하면 창업자의 범위는 사실상 한도가 없을 수도 있다.

이렇게 창업은 매우 폭넓게 생각해야 한다. 창업은 자기 사업을 시작하는 것이지만 어떤 조직에서 특정한 과제를 수행하려고 노력하는 행위도 창업에 해당한다. 새로운 문제, 어려운 문제, 복잡한 문제는 기존 접근으로 풀리지 않기 때문에 상당히 집중해서 고민해야 실마리를 찾을 수 있다. 이럴 때 사용되는 재능이나 노력도 창업과 기업가정신에 직결된다. 이렇게 본다면 모든 분야, 조직 내부와 외부에서 기업가정신을 발휘하거나 잠재적으로 그것을 가지고 있는 사람은 많다.

창업과 기업가정신에 관한 내용은 단순하게 배울 수도 있지만 일상에서 겪을 수 있는 각종 상황을 해결하는 밑거름이 된다. 하나도 모르고 어떤 상황이나 문제를 해결하는 것보다 조금이라도 알고 대하는 것은 차이가 크다. 이 책은 이론적인 내용보다 실제 정보를 제공하는데도 많은 비중을 두고 있다. 정보를 알고 선택을 안 하거나 지원(신청) 후 탈락하는 것이 아예 모르고 놓치는 것보다 백배 낫기 때문이다.

제2절 창업 동향

창업 동향을 아는 것은 필수적으로 실업, 취업 동향과 연결된다. 어차피 한국 경제라는 동일한 시장 상황에서 나타나는 현상이므로 이에 관심을 기울이면 "사업기획과 마케팅" 등에서 가장 먼저 실시하는 "시장분석"을 하는 것과 같다.

1. 대학과 실업 현황 : 전공별 대학생 분포와 고용 불일치

한국에서 대학과 전문대학은 많다. 대학과 전문대학의 계열별 재적생(재학생과 휴학생 합산) 인원은 대학은 2백만 명이 넘고 전문대학도 70만 명에 이르고 있다. 270만 명은 결코 적은 인원이 아니며 대한민국 총 인구의 5%가 넘는다. 대학 전공별 재적생 현황을 알아보는 이유는 나의 전공만이 아니라 "이렇게 많은 전공에 사람들이 배우고 있다는 점"을 상기하는 차원에서 제시한다.

<표 1> 전문대학 계열별 재적생 현황

대계열	중계열	소계열	재적 학생수(명) 계
전체			697,214
인문계열	언어·문학	일본어	3,800
		중국어	3,992
		영어	4,919
		유럽·기타어	283
		문예창작	1,348
		교양어	681
	인문과학	문헌정보	828
		문화	439
		인문일반	2,351
사회계열	경영·경제	경영·경제	52,039
		관광	20,210
		금융·회계·세무	15,358
		무역·유통	3,990
	법률	법	928
	사회과학	가족·사회·복지	36,169
		비서	3,329
		언론·방송	3,002
		행정	22,487
교육계열	교육일반	사회·자연교육	168
	유아교육	유아교육	31,264
	특수교육	특수교육	361

공학계열	건축	건축·설비	2,750
		건축	15,221
		조경	1,522
	토목·도시	건설	1,375
		토목	7,590
	교통·운송	지상교통	1,365
		항공	3,665
		해양	4,663
	기계·금속	기계	35,540
		금속	2,083
		자동차	20,702
	전기·전자	전기	15,341
		전자	17,170
		제어계측	1,557
	정밀·에너지	광학·에너지	7,957
	소재·재료	반도체·세라믹	573
		섬유	444
		신소재	987
		재료	10
	컴퓨터·통신	전산·컴퓨터	7,807
		응용소프트웨어	8,691
		정보·통신	41,096
	산업	산업공학	897
	화공	화학공학	2,365
	기타	기전공학	7,513
		응용공학	3,731

계열	중분류	소분류	인원
자연계열	농림 · 수산	농수산	1,901
		원예	1,371
	생물 · 화학 · 환경	생물	3,466
		자원	265
		환경	4,605
	생활과학	가정관리	667
		식품 · 조리	37,113
		의류 · 의상	780
	수학 · 물리 · 천문 · 지리	지적	564
의약계열	간호	간호	51,289
	치료 · 보건	보건	40,482
		재활	18,448
		의료장비	7,095
		의무행정	4,976
예체능계열	디자인	산업디자인	5,111
		시각디자인	5,940
		패션디자인	5,598
		기타디자인	22,410
	응용예술	공예	855
		사진 · 만화	4,122
		영상 · 예술	8,274
		뷰티아트	18,665
	무용 · 체육	무용	209
		체육	15,475
	미술 · 조형	미술	817
		조형	68
	연극 · 영화	연극 · 영화	6,615
	음악	음악	8,643
		음향	829

출처 : 교육통계서비스 홈페이지, 2017년 자료(엑셀 파일).

• Chapter 01 창업의 개념과 동향 •

　　전문대학 전공 계열별 재적생 인원이 1만 5천 명을 넘는 곳을 중심으로 살펴보면, 인문계열은 없으며 사회계열은 경영 경제, 관광, 금융 회계 사무, 가족 사회 복지, 행정학이 해당된다. 특히, 경영 경제와 가족 사회 복지 인원이 많다. 교육계열은 유아교육, 공학에서는 건축, 기계, 전기 전자, 정보 통신이 많은 편이었다. 특히, 정보 통신과 기계, 유아교육의 재적생이 많았다. 자연계열에서는 식품 조리, 의약계열에서는 간호, 보건, 재활, 예체능계열에서는 기타 디자인, 뷰티아트, 체육의 재적생 인원이 많았다. 재료 공학(10명), 조형(68명)을 비롯해 언급하지 않은 전공 재적생도 적은 인원이라고 볼 수는 없다.

〈표 2〉 대학 계열별 재적생 현황

대계열	중계열	소계열	재적 학생수(명)
			계
전체			2,050,619
인문계열	언어 · 문학	언어학	1,643
		국어 · 국문학	27,305
		일본어 · 문학	15,530
		중국어 · 문학	23,470
		기타아시아어 · 문학	5,162
		영미어 · 문학	42,787
		독일어 · 문학	7,317
		러시아어 · 문학	4,141
		스페인어 · 문학	4,023
		프랑스어 · 문학	7,265

인문계열	언어 · 문학	기타유럽어 · 문학	3,623
		교양어 · 문학	4,902
	인문과학	문헌정보학	6,406
		문화 · 민속 · 미술사학	9,895
		심리학	13,286
		역사 · 고고학	15,933
		종교학	16,367
		국제지역학	17,978
		철학 · 윤리학	8,807
		교양인문학	10,826
사회계열	경영 · 경제	경영학	193,241
		경제학	45,579
		관광학	14,823
		광고 · 홍보학	11,396
		금융 · 회계 · 세무학	28,339
		무역 · 유통학	45,686
		교양경상학	4,031
	법률	법학	29,011
	사회과학	가족 · 사회 · 복지학	51,645
		국제학	10,234
		도시 · 지역학	4,145
		사회학	8,658
		언론 · 방송 · 매체학	27,408
		정치외교학	16,477
		행정학	73,852
		교양사회과학	5,457

교육계열	교육일반	교육학	7,709
	유아교육	유아교육학	12,645
	특수교육학	특수교육	11,153
	초등교육	초등교육학	1,186
	중등교육	언어교육	16,122
		인문교육	3,163
		사회교육	7,131
		공학교육	2,029
		자연계교육	15,295
		예체능교육	7,257
공학계열	건축	건축·설비공학	22,814
		건축학	26,991
		조경학	5,268
	토목·도시	토목공학	30,229
		도시공학	5,922
	교통·운송	지상교통공학	3,087
		항공학	11,057
		해양공학	13,717
	기계·금속	기계공학	68,747
		금속공학	556
		자동차공학	6,718
	전기·전자	전기공학	24,106
		전자공학	63,792
		제어계측공학	4,888
	정밀·에너지	광학공학	5,005
		에너지공학	14,176

계열	분야	세부전공	인원
공학계열	소재·재료	반도체·세라믹공학	2,401
		섬유공학	2,325
		신소재공학	28,455
		재료공학	7,408
	컴퓨터·통신	전산학·컴퓨터공학	65,210
		응용소프트웨어공학	18,667
		정보·통신공학	48,095
	산업	산업공학	22,200
	화공	화학공학	30,891
	기타	기전공학	8,743
		응용공학	15,574
		교양공학	7,910
자연계열	농림·수산	농업학	2,738
		수산학	96
		산림·원예학	7,761
	생물·화학·환경	생명과학	51,833
		생물학	12,771
		동물·수의학	4,261
		자원학	11,572
		화학	19,148
		환경학	22,458
	생활과학	가정관리학	4,935
		식품영양학	40,234
		의류·의상학	8,593
		교양생활과학	1,738
	수학·물리 천문·지리	수학	16,835
		통계학	13,007
		물리·과학	14,191
		천문·기상학	1,934
		지구·지리학	5,304
		교양자연과학	2,865

계열	분야	세부	인원
의약계열	의료	의학	13,903
		치의학	7,398
		한의학	4,622
	간호	간호학	45,274
	약학	약학	8,101
	치료·보건	보건학	15,400
		재활학	20,323
		의료공학	10,962
예체능계열	디자인	디자인일반	8,865
		산업디자인	9,978
		시각디자인	11,611
		패션디자인	9,237
		기타디자인	24,137
	응용예술	공예	4,609
		사진·만화	6,629
		영상·예술	18,643
	무용·체육	무용	4,701
		체육	55,647
	미술·조형	순수미술	13,253
		응용미술	1,835
		조형	3,323
	연극·영화	연극·영화	12,415
	음악	음악학	8,792
		국악	2,263
		기악	8,318
		성악	3,130
		작곡	2,018
		기타음악	7,668

출처 : 교육통계서비스 홈페이지, 2017년 자료(엑셀 파일).

대학 전공 계열별 재적생 인원이 1만 명을 넘는 곳을 중심으로 살펴보면 다음과 같다. 인문계열에서는 영어 영문이 가장 많았으며 국어 국문, 일어 일문, 중어 중문, 심리, 역사 고고, 종교, 국제지역학이 해당되었다. 사회계열에서는 경영학(19만)이 가장 많았고 경제, 관광, 광고 홍보, 금융 회계 세무, 무역 유통, 법학, 가족 사회 복지, 국제, 언론 방송 매체, 정치 외교, 행정학 재적생이 많았다. 교육계열에서는 유아, 특수, 언어, 자연계교육 인원이 많았다.

공학계열에서는 건축 설비, 건축, 토목, 항공, 해양, 기계, 전기, 전자, 에너지, 신소재, 전산 컴퓨터, 응용소프트웨어, 정보 통신, 산업, 화학, 응용 공학이 1만 명이 넘었다. 특히, 기계공학, 전자공학, 전산 컴퓨터 공학은 6만 명 이상이었다. 자연계열에서는 생명(4만), 생물, 자원, 환경, 식품영양, 화학, 수학, 통계학, 물리 과학이 많았다. 의약계열에서는 의학, 간호, 보건, 재활, 의료공학이 많았고 예체능계열에서는 시각디자인, 기타디자인, 영상 예술, 체육, 순수미술, 연극 영화에 재학생이 많았다. 1만 명 이하인 전공도 절대 무시할 정도의 인원이 아니기 때문에 전국 대학에서 공부하는 재학생이 계열별로 매우 많다는 점을 알 수 있다.

Power Tip

전공과 직업이 불일치한 것이 자연스럽다고 생각하는 편이 좋다. 행정학을 전공하면 모두 공무원이 아닌 것처럼, 전공이 자신에게 적성이나 취향에 맞는지 아니면 다른 것에 관심을 두고 노력할지 수시로 고민해볼 필요가 있다. 그래야 대학전공은 마음 편하게 공부한다.

2018년 관계부처 합동자료에 따르면 1990년대 이후 청년고용 부진이 심화(전체실업률과 격차 2배 확대)되며 고착화, 체감실업률도 통계 작성('15년) 이후 20% 정도를 계속 유지하고 있다. 청년 고용부진 심화는 산업, 교육, 노동시장의 구조적 문제가 누적되며 일자리 수요부진, 미스매치가 지속된데 있다. 청년이 가고자 하는 사무직, 생산직 일자리 감소(경력직 채용 증가), 기업의 경력직 채용비중 증가, 기존 주력산업 고용창출력 둔화, 신산업 창출 지체 등으로 민간 일자리 수요 위축, 외환위기 이후 산업 성숙화 등으로 대기업 신규채용 위축이 큰 원인이다. 중소기업은 빈 일자리가 많으나 사회보상체계 왜곡 등으로 청년취업 기피, 모험정신·안전망 부족 등으로 창업활동 부진, 교육 동질화 등으로 청년의 선호 쏠림(대기업·공공부문 등)이 지속되고 있다. 심각한 청년 실업에 더해 20대 후반 인구 증가로 경쟁 격화, 일자리 어려움이 가중될 것이다. 정부는 20대 후반 인구 증가가 집중된 2019년까지 더 어려울 것으로 전망하고 있다. 향후 20대 후반과 경쟁할 30대 초반의 구직난도 깊어질 것이다.

청년 유출로 수도권이 아닌 지방은 지역사회 활력이 크게 저하된 상태다. 인구감소와 인구유출로 많은 지방자치단체가 청년 관련 일자리에 어려움을 겪고 있다. 비수도권에서는 청년 등 인적자원의 부족으로 지역발전에 한계가 있다. 통계청에 따르면, 비수도권 청년 순유출은 2017년에 15~29세 5.9만 명에 이른다. 지역 고용시장은 구인-구직 간 미스매치(mismatch) 문제가 심각하며 지역의 중소기업, 농·어가 등은 지속적인 구인난을 호소하고 있다. 고용노동부에 따르면 빈일자리는 300인 미만 19.9만 개(96.4%), 300인 이상 7천 개(3.6%)로 인력 불균형이 심각한 상태다.

〈그림 1〉에서 볼 수 있듯이 청년층 인구는 988만 명에 이른다. 그 가운데 생산 가능인구는 928만 명이며 경제활동 인구는 433만 명이다. 그 가운데 취업자는 391만 명, 실업자는 43만 명이며 임금근로자(직장)는 368만 명, 비임금근로자 23만 명 가운데 고용주는 4만 명, 자영업은 12만 명이다. 여기서 말하는 고용주와 자영업이 바로 창업이라고 할 수 있는 인원(약 16만 명)이다.

실업자, 잠재 취업 가능자, 잠재 구직자, 시간관련 추가 취업 가능자를 합해서 112만 명의 체감 실업자라고 한다. 그 가운데 재학이나 교육 등 수강인원은 383만 명, 진학이나 취업 준비 등에 해당하는 사람은 88만 명이다. 특히, 취업 준비자가 약 49만 명에 이른다는 점에서 실업 상황은 심각하다.

청년층 988만 명에서 창업에 해당되는 사람은 16만 명 정도로 약 1.6% 정도라고 볼 수 있다. 통계청 기준 청년층 가운데 창업에 관련된 사람의 비중은 매우 낮은 편인데 16만 명이라는 절대 수치만으로 생각하면 그리 적다고 말하기도 애매하다. 창업은 중장년, 노년층도 해당되기 때문에 그 인원은 훨씬 늘어난다

• Chapter 01 창업의 개념과 동향 •

〈표〉 2017년 기준 청년(15~29세) 고용현황

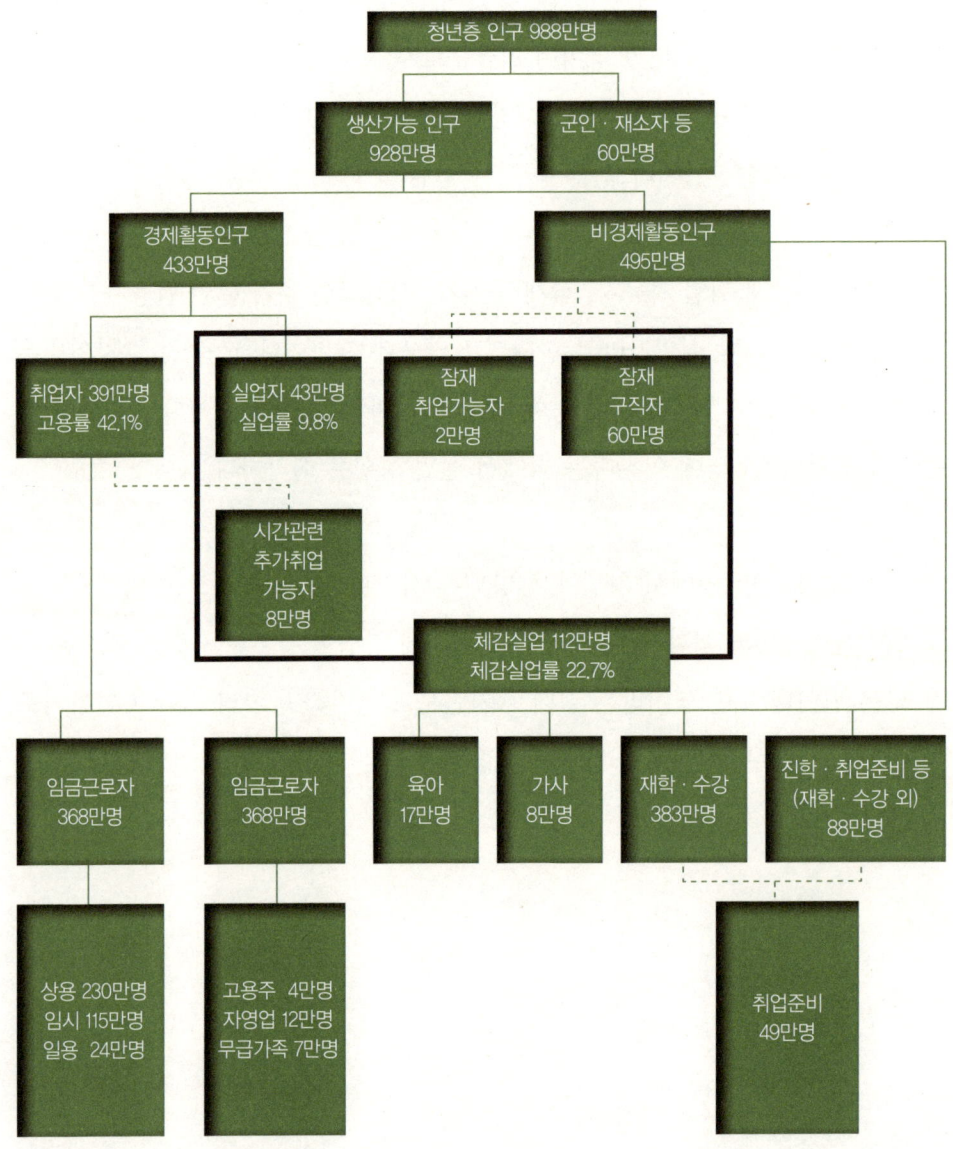

주: 1) 총인구: 경제활동인구상 인구(군인·재소자 등 제외) 928만 명 + 군인·재소자 등 추정인원 약 60만 명(일반사병·사회복무 등 50만 명 + 직업군인·재소자)
2) 취업자: ① 조사 대상 주간(15일이 속한 주)에 수입을 목적으로 1시간 이상 일한 자 ② 주당 18시간 이상 일한 무급가족종사자 ③ 직업 또는 사업체가 있으나 공장 정비 등 일시적인 사유로 일하지 못한 일시휴직자
3) 고용률(%) = (취업자 ÷ 15세 이상 인구)×100
4) 실업자: 조사주간에 일을 하지 않았고, 4주간 구직활동을 하였으며, 즉시 취업이 가능한 자
5) 실업률(%) = (실업자 ÷ 경제활동인구)×100
6) 체감실업률에는 단시간 근로자중 추가 취업 희망·가능자, 구직활동을 하지않았지만 취업 희망·가능자(잠재구직자), 구직활동은 하였지만 조사 주간중 취업이 불가능한 자(잠재취업가능자)를 광의의 실업자로 포함
7) 취업준비 = 취업을 위한 학원·기관 수강+학원·기관 수강 외 취업준비

출처: 통계청, 「경제활동인구조사」, 2017.

청년실업 현황은 심각한 상태로 정부는 창업에 많은 지원 대책을 마련해 문제를 해결하려고 한다. 창업은 일자리 창출의 핵심 동력으로 우리나라 신규 일자리의 상당수는 창업기업에서 발생한다. 한국개발연구원(2017)에 따르면, 2012~2014년간 평균 취업자 증가(26.8만 명)의 89.6%가 1년 이내 창업 기업에 해당되며 17.9%가 창업 1~5년 사이의 기업에서 발생한다. 정부 관계부처 합동으로 '혁신창업 생태계 조성방안'을 마련해 문재인 정부의 창업정책 방향을 수립한 상태다. 기업 대학 등 우수인력 창업촉진, 투자확대 등 선순환 생태계 조성에 노력하고 있다(관계부처 합동, 2018).

2. 취업 경향 : 신입사원의 모습

취업 경향에서 신입사원의 모습을 알아보기 전에 아래와 같은 격언은 한번쯤 새겨볼만 하다.

> "시간은 곧 돈이라는 사실을 기억해라(29쪽)."
> "근면성과 검소함을 제외하고, 청년이 세상에서 성공하는데 가장 효과적 수단은 모든 거래에서 시간을 지키는 것이다. 그러므로 빌린 돈은 반드시 약속한 날짜에 갚아라(30쪽)."
>
> 출처 : 막스 베버, 프로테스탄티즘 윤리와 자본주의 정신, 김현욱 옮김, 동서문화사, 2017.

시간을 지킨다는 말은 출근과 퇴근 시간을 지킨다는 뜻이다. 약속 시간, 마감 시간 등도 모두 해당한다. 신입사원이 되려고 이력서, 자기소개서, 면접 기간에 맞추는 노력도 시간과 직결된다. 많은 청년들이 시간을 잘 활용하고 있으며 아래와 같은 경쟁에서 살고 있다.

한국경영자총협회(2017)에서 전국 312개 기업을 대상으로 「2017년 신입사원 채용실태 조사」를 실시한 결과, 300인 이상 기업 대졸 신입사원취업 경쟁률은 평균 35.7:1로, 2015년보다 10.5% 상승했다. 기업 규모별 취업 경쟁률을 살펴보면, 300인 이상 기업(38.5:1)이 300인 미만 기업(5.8:1)보다 월등히 높다. 과거보다 취업 경쟁률은 전체적으로 10% 이상 상승했다.

업종별로 비제조업 경쟁률(43.5:1)이 제조업 경쟁률(31.3:1)보다 높고 2015년 조사 결과(비제조업 37.0:1, 제조업 29.4:1)보다 격차가 벌어졌다. 신입사원 100명 지원 시 최종 합격 인원 2.8명, 300인 이상 기업 2.6명, 300인 미만 기업 17.2

명으로 조사되었다.

　면접전형은 대부분 기업에서 시행하고 있는 반면, 필기전형은 300인 이상 기업에서 주로 시행하고 있다. 필기전형을 시행하고 있는 기업은 2015년에 비해 모두 늘었다. 3단계 전형(서류-필기-면접전형)을 시행하는 기업에서 생각하는 채용과정별 중요도는 면접전형, 서류전형, 필기전형 순서였다. 2단계 전형(서류-면접전형)을 시행하는 기업에서 생각하는 채용과정별 중요도는 면접전형, 서류전형 순서로 나타났다. 300인 이상 기업에서 면접전형의 중요도가 높았다. 전체 기업에서 '1회 면접'을 진행하는 기업 45%, '2회 면접'을 진행하는 기업은 53%이었다. '1회 면접'을 진행하는 기업 중 실무면접만 진행하는 기업은 56.2%, 임원면접만 진행하는 기업은 43.8%로 실무면접만 진행하는 기업이 더 많았다.

　300인 이상 기업의 76.7%는 '스펙'을 서류전형 시 최소한의 자격요건, 지원적격여부 판단 요건으로만 활용하고 있다. '스펙'이 채용과 무관하다는 응답은 300인 이상 기업 14%, 300인 미만 기업 36.3%, 채용 과정 전반의 핵심요소로 활용한다는 응답은 300인 이상 기업 9.3%, 300인 미만 기업 6%로 조사되었다.

　면접전형을 진행하는 기업들은 실무면접에서 '업무지식', 임원면접에서 '조직적응력', '업무지식', '적극성' 등을 종합적으로 평가했다. 실무면접에서는 업무지식, 조직적응력, 적극성 등을 중시하는 반면, 임원면접에서는 조직적응력, 업무지식, 적극성 등을 중시했다. 임원면접도 어느 한 항목에 치우치지 않고 종합적인 평가를 강화하는 추세였다. 수시채용은 통합 채용보다 직무별 채용의 비중이 높으며, 정기채용도 직무별 채용의 비중 확대되었다.

우수인재를 유인하는 방안은 '기업 성장가능성', '고용안정성'이었다. 300인 이상 기업은 높은 임금 수준과 다양한 복지제도를 1순위, 고용안정성을 2순위로 꼽은 반면, 300인 미만 기업은 기업 성장가능성을 1순위, 고용안정성을 2순위여서 기업 규모에 따른 차이가 있었다. 이밖에도 일과 삶의 균형(일명 워라벨), 충분한 자기계발, 높은 임금 수준과 다양한 복지제도가 있었다.

응답 기업의 65.4%는 인턴 등 유사 직무 경험을 채용에 반영하고 있으며 유사 직무 경험이 채용에 전혀 영향을 미치지 않는다고 응답한 비율은 34.6%였다. '지대한 영향을 미친다'고 응답한 비율은 17.9%, '어느 정도 영향을 미친다'고 응답한 비율은 47.5%였다(한국경영자총협회, 2017).

> **Power Tip**
>
> 인턴 경험은 어느 정도 적극성을 반영한다. 젊을 때 다양한 경험을 하고 지식을 넓히는 일은 매우 중요하다. 인턴이 아니더라도 자신이 관심 있는 분야를 살펴보고 그에 맞는 활동을 1년에 1-2개 정도만 할 수 있으면 동기 부여에 크게 도움이 된다.

3. 창업 생태계 : 생성과 소멸의 반복

2000년대에 접어들면서 창업이 활성화되기 시작했는데 당시 "벤처기업"이라는 명칭으로 한국 사회에 많은 열풍을 일으켰다. 젊고 유능한 이미지의 "벤처"는 청년층 도전의 상징이었고 그러한 기업가들이 해외 진출, 독창적 제품 개발 등으로 많은 사람의 눈길을 끌었다. 현재 창업에 대해서 많은 사람들은 "당장 계획은 없지만 어느 정도 관심 있는 상태", "과거보다 창업이 활발해졌다", "창업하고 싶은 이유는 사회경제적 성공"이라고 말한다.

한국을 비롯한 세계 경제가 자본과 노동 중심의 산업경제에서 지식과 기술 중심으로 바뀌면서 IT, 디자인, 콘텐츠 분야 창업이 늘어나고 있다. 법률적 기반이 마련된 다음부터 창업에 대한 관심이 더욱 늘어난 상태다(중소기업청·창업진흥원, 2013). 최근 이윤 추구가 목적인 창업과 공익성을 강조하는 사회적 기업을 비롯해 국내 "소셜 벤처(social venture)"에 대한 관심도 생기고 있다. 이는 다양한 사회적 목적을 효과적인 시장모델로 실현하고 사회적기업보다 지속가능성 확보와 청년일자리 창출에 유리하다는 이야기가 있다. 최근 정부가 이를 활성화하는 방안을 마련하고 있으며 국내 소셜 벤처는 약 600여개로 추정되며 투자를 중개하는 지원 기구는 약 20개 정도로 나타났다. 정부 인증을 받아야 하는 사회적 기업과 다른 점이 가장 큰 차이며 기업가정신이 강조된다는 점이 특징이다(중소기업연구원, 2018).

이러한 노력에도 불구하고 우리나라 창업생태계는 미국, 중국 등 주요국에 비해 활성화가 낮다. 기존 기업 대비 창업기업의 비율은 중국의 1/4 수준이고,

GDP 대비 벤처투자 비중도 낮은 수준이다. 향후 정부는 창업 정책을 민간 선도형, 개방형, 참여공유형의 3가지 기본방향으로 추진할 예정이며 현재 소기의 성과를 거두고 있다.

그렇지만 창업은 반드시 장밋빛인 것은 아니다. 현재 한국은 창업률이 다른 선진국과 비교해 높은 수준이지만 폐업률(5년 생존률)도 높은 편이다. 청년창업을 포함한 창업은 일반적으로 초기 자본이 부족해 실제 사업화까지 이르기가 어렵다. 창업 초기 자금을 확보하는 것이 관건이며 어느 정도 기업이 유지되면 재투자 시점이 찾아오는데 이 때 다시 어려움을 겪는다.

2018년 창업기업 실태조사 기준, 창업 준비단계에서 여성(약 38%), 남성(61%)로 나타났다. 업력별(1~7년) 창업자 성별 분포는 모두 남성이 높았고 운수업, 전기, 가스, 수도 사업은 남성 창업자의 비중이 압도적으로 높았다. 반대로 보건, 사회복지 서비스, 숙박 음식점, 기타 개인 서비스업은 여성 창업자의 비율이 더 높았다. 창업자 연령은 40대>50대>60대>30대>20대로 나타났고 전반적으로 중년층이 많았다. 학력은 대졸이 약 3분의 1을 넘어서 가장 높았고 고졸>중졸이하>전문대졸>대학원졸의 순서였다. 창업자의 전공은 인문계가 거의 절반에 이르렀고 창업 직전 취업했던 사람이 많았고 국내 중소기업에 있었던 경우가 70%를 넘었다. 근무 직종은 경영관리직>일반사무직>기능생산직>영업판매직>연구기술직>단순노무직 순서로 나타났다. 창업 직전 취업 근무 경력은 평균 134개월(약 11년 가량)이었다. 퇴직 이후 창업했다는 비중이 높았고 퇴직 전부터 창업을 같이 했었다는 응답도 적지 않았다(중소기업벤처부·창업진흥원, 2017).

창업 직전 취업하지 않았던 유형은 기타(취업 준비, 휴직, 무직)에 해당되는 경우가 많았고 대학생은 재학 중 창업하는 경우가 대부분이었다. 창업을 결심한 시점부터 실제 창업까지 준비 기간은 평균 10.5개월이었고 최대 14개월부터 최소 8개월 정도 걸렸다.

창업 전 교육을 받은 경험이 있다는 사람은 17% 정도였고 경험이 없다는 사람이 대다수였다. 업종별로는 숙박 음식점업의 교육 경험이 높았지만 대부분 10% 수준에서 교육 경험이 있었다. 창업 장애 요인으로는 창업 자금 확보에 대한 어려움이 3분의 2를 넘었고 창업 실패와 막연한 두려움, 창업에 대한 지식과 경험 부족, 창업 준비부터 성공까지 경제활동(생계유지) 문제의 순서로 나타났다.

창업 자금 조달 방법은 "자기 자금"이 압도적이었다. 다른 방법으로는 대출과 개인 간 차용(개인 간 거래)로 나타났다. 1년 차가 가장 필요한 자금이 많았고 5년 차가 가장 적었으며 창업 이후 추가 필요 자금 도달 방법도 역시 자기 자금이었다.

창업 아이디어는 본인만의 것이 대다수였고 기술이전, 아이디어 보유자와 함께 참여, 협업으로 발굴의 순서였다. 사업장의 입지는 일반상업지역이 절반에 이르렀고 일반주택지역, 기타지역, 산업단지, 대학이나 연구기관의 순서였다. 입지 선정의 절반 정도 이유는 제품 서비스를 소비자에게 빠르고 쉽게 제공할 수 있기 때문이었고 저렴한 취득 비용, 원료와 재료를 구하기 쉽다는 이유가 있었다. 창업 당시 대표자의 인원은 1명이었으며 첫 창업은 70% 가량이었고 횟수는 평균 2.6회였다. 창업 동기는 "성공 기회, 선택의 여지가 없어서", "모두 해당"

이라는 응답이 가장 높았다.

    자기 자본 비율은 38%, 부채 비율은 157% 정도로 나타났고 소비자 매출이 80% 정도를 차지했다. 손익분기점을 초과한 기업이 압도적으로 많았으며 전체 종사자수는 평균 3.2명이었다. 업력이 높을수록 평균종사자수는 증가했고 정규직 종사자는 평균 2.8명, 종사자의 연령도 40대의 비중이 가장 높았다. 마케팅 방식도 직접 영업이 압도적이었고 위탁 영업 병행과 위탁 영업이 있었다. 홍보마케팅은 해당 사항 없음이 대다수였고 인터넷, 인쇄매체 홍보가 10%를 상회하고 옥외광고, 판촉, 대중매체, 전시회, 박람회 홍보가 소수였다.

    창업 지원 사업 참여 경험은 "신청한 적 없음"이 대다수였고 지원받았다는 응답은 12% 정도였다. 대부분 정책 자금 형태로 지원을 받았고 만족도 여부에서는 보통 이상이었다. 그 가운데 창업 행사, 네트워크(인맥 관리 등)에 가장 만족도가 높았다. 지원 사업 미신청 이유는 "창업지원사업 시행을 몰라서" 44%, "활용 필요성이 없어서(자체 해결 가능)" 36%, "선정 조건이 까다롭다고 생각해서", "신용등급 제한 등 요건이 까다로워서", "행정절차나 구비서류가 복잡해서", "원하는 프로그램이 없어서", "지원받았더라도 그 효과가 작을 것 같아서"라는 응답이 있었다. 필요한 창업 지원정책으로는 초기단계 금융지원이 거의 절반이었고 세금감면 지원, 경제적 생계유지 지원, 성장단계 금융지원, 창업절차 간소화 등의 이유가 있었다.

> **Power Tip**
>
> 아직 학교를 졸업하지 않았다면 창업 지원 사업을 찾아보고 교육, 자금 지원 등을 받아보도록 한다. "교육 받은 이력"은 어디서나 활용할 수 있고 학교와 연결된 사업이나 프로그램이 심리적으로나 물리적으로 편하다. 다양하게 지원해주는 것을 놓치지 않고 관심을 기울여야 한다. 처음이어렵지만 두세번부터는 쉽게 도움받는다.

대학의 창업교육 지원 현황은 2016년 기준 정규교과 300개교 정도로 총 강좌 수는 1만 개를 넘고 수강인원은 약 38명이다. 전체 강좌 중 전공은 절반, 이론 수업이 80%에 이른다. 필수 교과목이 약 20%, 3학점 미만이 60% 정도다. 창업동아리를 보유한 학교는 260개교 정도며 창업동아리 수는 5천 개, 회원 수는 약 4만 5천 명에 이른다. 창업동아리 중 자금 또는 공간을 대부분 지원 받았다. 비정규교과에서 대표적인 창업캠프 현황은 절반 이상이 캠프 개최를 했거나 하고 있으며 참가자 수는 3만 명을 넘어서 캠프를 한 번에 평균 40명 정도가 경험했다. 창업경진대회를 개최한 학교도 절반이 넘고 수상자는 1만 명이 넘는다. 창업교육 전담조직을 대체로 보유하고 있으며 전담인력도 교수와 교직원을 포함해 2천 명, 운영예산은 1천억이 넘고 있다(중소기업벤처부·교육부·창업진흥원·한국연구재단, 2017).

2016년 학생창업 현황에서 학생창업자는 1,328명(창업기업 수 1,191개), 업종은 기술기반 업종(지식 서비스업, 제조업)이 절반 이상, 1기업 당 1천 2백만 원 정도로 매출액을 기록했고 1기업에 0.5명을 고용했다. 학생 창업기업 입지는 교외가 많았고 개인사업자 형태가 법인보다 압도적으로 많았다. 창업동아리 활동 경험이 있는 학생 창업기업은 3분의 2를 차지했고 이공계열(40.1%), 인문상경계열(35.8%), 기타계열(24.2%)로 나타났다.

⟨표 3⟩ 창업 실태 조사 결과(2017년)

특성별		창업을 생각해 본 적이 없다	창업을 생각해보았으나 실제로 창업을 해본 적은 없다	창업을 생각해보았고 실제로 창업을 했다
전체	소계	51.5	35.8	12.7
성별	남자	47.9	36.2	15.8
	여자	55.4	35.3	9.2
연령별	만15-18세	56.0	36.0	8.0
	만19-29세	55.9	37.6	6.4
	만30-39세	46.9	34.0	19.1
지역별	서울	43.4	41.6	15.0
	인천·경기	48.4	38.5	13.1
	대전·충청·세종·강원	61.5	29.7	8.8
	광주·전라·제주	55.2	33.1	11.7
	부산·울산·경남	59.0	26.2	14.8
	대구·경북	50.3	40.3	9.4
학력별	대학생·대학원생	59.4	33.9	6.7
	고졸이하	40.9	42.1	17.0
	대졸이상	53.1	33.7	13.2

출처 : 국가통계포털, 청년사회·경제실태조사(창업 고려 또는 경험 여부), 한국청소년정책연구원, 2018.

창업 실태 조사에서 창업을 생각한 적이 없다는 응답이 절반을 넘는 가운데, 성별이나 연령에서 크게 차이는 없지만 "창업을 생각해보았고 실제로 창업을 했다"는 만30-39세 응답자의 비율이 높았다. 서울 지역, 고졸이하, 대졸이상 응답자의 창업 의지와 실행 여부의 비율이 높은 편이었고 대학생과 대학원생의 비율은 낮은 편이었다.

〈표 4〉 총 활동 기업수 및 증가율과 창업률 및 소멸률

(단위 : 1,000개, %)

	2008	2009	2010	2011	2012	2013	2014	2015	2016
총활동기업수 (1,000개)	4,908	5,032	5,147	5,305	5,379	5,377	5,559	5,554	5,776
기업수증가율(%)	3.8	2.5	2.3	3.1	1.4	0	3.4	−0.1	4
창업률(%)	16.2	15.1	15	15.3	14.3	13.9	15.2	14.6	15.2
소멸률(%)	13	13.2	12.6	12.9	13.8	12.4	14	11.5	−

1) 기업수증가율 = {(금년도 총활동기업수 − 전년도 총활동기업수) ÷ 전년도 총활동기업수} × 100

2) 창업률 = (신생기업수 ÷ 총활동기업수) × 100

3) 소멸률 = (소멸기업수 ÷ 총활동기업수) × 100

출처 : 국가통계포털, 「기업생멸행정통계」 각 연도, 통계청, 2018.

2016년 기준 약 5백 7십만 개의 기업이 있으며 기업 수 증가율은 2016년 다소 증가했다. 창업률은 약 15% 내외지만 소멸률도 11–13% 정도로 높은 편이다. 창업률은 각 연도별로 전 산업의 신생기업수를 총 활동기업수로 나눈 비율이다. 한 해 동안 새로 설립된 기업이 얼마나 되는지를 나타내는 기업 신생률이다. 활동기업은 당해 연도 경제활동으로 매출액 또는 상용근로자가 존재하는 기업을 나타내며 신생기업은 당해 연도 중 새로운 경제활동을 시작하여 매출액 또는 상용근로자가 존재하는 기업이다. 단, 기존 기업일지라도 대표자, 주소, 산업 활동 중 2개 이상이 동시에 변한 경우는 신생기업으로 분류된다.

한국의 창업률은 2007년 17.9%에서 2013년 13.9%까지 하락했다가 2016년 15.2%로 다소 상승했다. 다른 OECD 국가들에서도 2000년대 이후 창업률이 점차 하락하는 추세를 보인다. 2015년 기준 한국의 창업률은 14.6%로 프랑스 9.4%, 독일 7.1%, 스페인 9.2%, 이탈리아 7.3% 등에 비해 높은 편이다. 그러나 한국은 기업의 소멸률이 높고 생존율(신생기업이 특정 기간 이후까지 폐업하지 않고 계속 활동할 확률)은 낮은 편이다. 한국의 기업부문은 다른 나라들보다 역동적인 동시에 변동성과 위험도 높다고 할 수 있다.

한편, 벤처기업의 수는 2006년 1만 2,000여 개에서 2017년 3만 5,000여 개로 꾸준히 증가하고 있다. 여기서 활동(Active)기업은 비영리기업을 제외한 국내 영리기업 중 당해 연도에 매출액이 있거나 상용근로자가 있는 기업이다. 신생(Birth)기업은 당해 연도와 전년도 활동 영리기업을 비교해 새로운 경제활동을 시작하여 매출액 또는 상용근로자가 존재하는 기업이다. 소멸(Death)기업은 당해 연도와 차년도 활동 영리기업 비교로 경제활동을 중지한 기업이다. 벤처기업은 국가에 따라 다양하게 정책대상으로 사용되고 있다. 우리나라에서는 다른 기업에 비해 기술성이나 성장성이 상대적으로 높아 정부에서 지원할 필요가 있다고 인정하는 기업으로 '벤처기업육성에 관한 특별조치법'에 해당되는 경우다. 1인 창조기업 실태조사 결과를 보면 창업 실태를 더 세밀하게 알 수 있다.

〈표 5〉 1인 창조기업 실태조사(전체, 성별, 업종별, 2016년)

구분		2016											
		사업체 수(개)	주변 지인 (%)	기존 직장 동료 상사 (%)	타 창업자 (%)	투자자 (%)	동일 사업 경험자 (%)	협력 회사 (%)	컨설 턴트 (%)	창업 지원 기관 (%)	고객 수요 (%)	기타 (%)	없음 (%)
전체	소계	261,416	48.1	17.4	7.1	0.2	23.6	0.8	0.5	1.8	0.9	0.2	30.8
대표자 성별	남성	184,057	44.9	20.5	7.1	0.2	25.2	0.8	0.6	1.8	1.0	0.2	31.7
	여성	77,359	55.6	10.1	7.0	0.2	19.9	0.6	0.2	1.8	0.8	0.1	28.8
업종별	농림어업	107	56.9	25.2	3.5	0.9	49.8	0.0	0.0	5.4	0.0	0.0	26.4
	제조업	85,993	50.0	20.7	7.5	0.3	25.0	1.7	0.9	3.2	1.7	0.2	25.0
	전자 상거래업	3,555	45.5	13.9	11.7	0.0	23.3	0.9	4.6	8.9	0.0	0.0	22.8
	출판, 영상, 방송통신, 정보 서비스업	9,185	41.8	15.9	6.8	0.7	17.2	0.8	0.6	8.2	1.2	0.0	32.8
	그 외 기타금융 지원 서비스업	885	43.8	13.7	1.4	0.0	37.9	0.0	0.0	0.0	0.0	0.0	20.6
	전문, 과학, 기술 서비스업	21,776	44.2	23.9	9.1	0.8	22.2	0.4	0.3	1.7	1.5	0.0	35.4
	사업시설 관리, 사업 지원 서비스업	11,849	55.4	13.3	4.6	0.0	30.6	0.4	0.4	0.4	0.9	1.3	23.5
	교육 서비스업	66,341	48.0	10.2	3.9	0.0	20.6	0.2	0.2	0.5	0.0	0.1	35.7

구분													
창작, 예술 및 여가 관련 서비스업		3,183	52.9	14.2	8.8	0.0	22.4	0.0	0.7	1.1	0.0	0.0	32.9
수리업		58,542	46.2	19.8	9.6	0.0	25.0	0.2	0.0	0.0	0.8	0.0	33.8

출처 : 국가통계포털, 1인 창조기업 실태조사 : 2016년 창업 조언 네트워크(복수응답), 중소벤처기업부, 2018.

사업체수는 26개를 넘고 있는데 주변 지인의 권유, 동일 사업 경험자, 기존 직장 동료나 상사의 영향을 많이 받은 것을 알 수 있다. 그렇지만 "없음"으로 응답한 사람도 30%나 된다는 점에서 주목할 만하다. 성별에 따른 차이는 크게 없다고 볼 수 있으며 업종별로 제조업이 가장 많고 교육서비스업 > 수리업 > 전문, 과학, 기술서비스업 > 사업시설관리, 사업지원서비스업의 순서로 사업체가 많았다. 그렇지만 "없음"으로 응답한 비율이 높은 편이라는 점을 고려해서 표를 이해해야 한다.

〈표 6〉 1인 창조기업 실태조사(권역별, 대표자 연령별, 업력별, 창업 동기별, 2016년)

구분														
권역별	수도권	전체	119,705	47.2	18.3	9.3	0.4	26.0	0.5	0.7	2.3	0.9	0.3	29.6
		서울/인천	58,760	43.3	22.0	11.4	0.4	25.6	0.4	0.6	2.2	1.3	0.4	32.9
		경기	60,945	51.0	14.7	7.2	0.4	26.3	0.5	0.8	2.5	0.6	0.1	26.4
	충청권		25,124	50.4	17.8	7.6	0.0	24.4	0.4	0.2	1.4	0.4	0.0	33.4
	호남권		26,519	48.9	19.8	5.1	0.0	23.3	1.7	0.2	0.9	0.6	0.1	30.7
	영남권		79,730	47.4	15.7	4.8	0.0	20.5	1.0	0.5	1.3	1.3	0.0	32.3
	강원/제주		10,338	55.4	13.9	2.1	0.1	19.9	0.5	0.1	2.0	0.5	0.8	27.6
대표자 연령별	39세이하		42,473	52.4	17.4	5.2	0.6	27.0	0.7	1.1	2.9	1.4	0.0	23.8
	40~49세		76,636	43.9	19.0	7.8	0.4	26.9	0.8	0.6	3.0	0.8	0.2	31.5
	50~59세		81,371	47.4	18.2	8.1	0.3	21.3	0.4	0.4	1.2	1.1	0.3	31.5

대표자 연령별	60~69세	46,482	50.3	14.7	5.3	0.1	21.6	1.5	0.1	0.2	0.6	0.0	33.2
	70세이상	14,454	53.9	13.4	8.5	0.0	16.2	0.0	0.0	0.3	0.4	0.0	36.7
업력별	1년 이하	39,470	48.8	14.3	4.6	0.1	23.7	0.8	1.7	4.3	1.8	0.0	29.2
	2~3년 이하	48,635	53.3	14.7	4.7	0.1	18.6	1.1	1.1	3.7	0.6	0.2	28.2
	4~5년 이하	30,057	42.2	20.9	9.8	0.7	29.6	1.4	0.0	1.6	1.1	0.0	31.7
	6~9년 이하	42,946	44.3	14.5	6.6	0.5	25.7	0.1	0.1	0.9	0.2	0.4	31.6
	10년 이상	100,308	48.6	20.2	8.5	0.0	23.4	0.7	0.1	0.3	1.0	0.1	32.0
창업 동기별 (1순위)	적성과 능력 발휘	147,759	48.1	18.0	5.9	0.3	23.7	0.9	0.6	2.4	1.1	0.1	29.9
	높은 소득	45,489	51.0	30.4	16.0	0.0	32.2	0.9	0.4	1.4	1.6	0.0	21.7
	창업지원 정책 영향	2,597	38.2	13.9	10.6	2.6	21.7	2.6	8.2	17.8	2.4	2.6	17.2
	생계유지	64,587	46.5	7.4	3.3	0.0	17.9	0.2	0.0	0.0	0.1	0.2	39.6
	기타	983	37.1	0.0	0.0	0.0	1.9	10.5	0.0	0.0	0.0	0.0	52.3

출처 : 국가통계포털, 1인 창조기업 실태조사 : 2016년 창업 조언 네트워크(복수응답), 중소벤처기업부, 2018.

　　권역별로는 영남권이 가장 많고 수도권에서 경기〉서울 인천의 순서다. 대표자 연령은 중년층(50-59세)가 가장 많고 그 다음으로 장년층(40-49세)의 순서다. 39세 이하 청년층과 60세 이상의 사업체 수는 비슷하다. 주변 지인 권유나 동일 사업 경험자로부터 영향을 받은 사람의 비중이 높다. 업력별로는 9년 이하까지 사업체 수가 비슷하며 10년 이상이 가장 많았다. 동일 사업 경험자로부터 영향을 받은 비율이 가장 높은 집단은 4-5년 이하였다. 창업 동기별로 1순위 응답은 높은 소득 〉 적성과 능력 발휘 〉 생계유지의 순서였다. 그렇지만 기타로 조사된 응답도 낮지 않은 비율이므로 창업 동기에 대해서는 더 구체적으로 생각할 필요가 있다.

일반적으로 창업은 국가의 경제성장을 촉진하고 고용을 확대할 것으로 많은 사람들이 기대하고 있다. 다른 조건들이 일정하다면 기업이 많이 설립될수록 그만큼 생산 활동이 확대될 것이기 때문이다. 특히, 신생기업들은 기존 기업들에 비해 새로운 품목의 개발과 기술혁신에 기여할 가능성이 높으며 신규고용 창출 효과도 훨씬 더 높다. 따라서 창업률은 경제의 역동성을 나타내는 지표라고 할 수 있다.

그러나 창업률이 높다고 해서 만드시 기업의 수가 빨리 늘어나는 것은 아니다. 새로 창업하는 기업들이 있는 반면, 소멸 혹은 폐업하는 기업들도 있기 때문이다. 실제 창업률이 높은 경제일수록 기업 소멸률이나 폐업률도 높은 경향이 있다. 만일 신생기업과 소멸기업의 수가 비슷하다면 창업률이 생산과 고용에 미치는 효과는 제한적일 것이다. 기업의 소멸률이 높다는 것은 그만큼 생산과 고용에 변동성과 위험이 수반됨을 의미한다.

> **Power Tip**
>
> 아직 청년 창업의 비중이 높지 않지만 창업은 성인이면 누구나 할 수 있으므로 자신이 비교할 대상을 전체 연령층으로 넓혀야 한다. 학교에서는 같은 학교 수강생이 경쟁 대상이지만 창업은 전국 또는 지역 내(때에 따라서는 해외까지 포함) 모든 연령, 업력을 아우른다. 다만, 업종이 다르면 직접적 경쟁 상대는 아니지만 비교해서 배울 것을 찾아보면 재미를 느낄 수도 있고 아이디어 획득에 유용하다.

Memo

제2장
기업가정신

"창조는 파괴의 또 다른 이름이다. 리스크를 두려워하면 창조는 없다.
새로운 것에 대한 도전은 엄청난 리스크를 떠안는다.
반면 도전의 성공은 미래 시장 지배라는 천문학적 가치의 과실을 보장받는다."
- 조셉 슘페터

■ 들어가기

기업가정신의 개념은 사람마다 차이가 있지만 신용 유지의 중요성과 부를 창조해야 한다는 배경은 변함이 없다. 기업가정신을 배우는 이유는 개인 삶의 향상에 도움이 되며 그러한 사람들이 모여서 국가경쟁력을 높일 수 있기 때문이다.

기업가정신을 스스로 진단할 수 있는 다양하고도 간단한 방법이 있다. 타고난 자질도 중요하지만 기업가정신은 후천적으로 배우고 경험하면서 계발할 수 있다. 이와 밀접한 개념이 바로 리더십인데 창업자와 구성원의 관계를 넓고도 다양하게 설명해주는 내용이므로 공부할 필요가 있다.

생각해보기

1. 자신이 생각하는 기업가정신이란 무엇인가?
2. 기업가정신에서 중요한 조건을 많이 말할 수 있는가?
3. 자신이 창업가에 어울린다고 보는가?
4. 어떤 사람이 기업가정신을 가졌다고 느낀 적이 있는가?
5. 스스로 리더십을 발휘하거나 영향을 받은 적이 있는가?

제2장

기업가정신

제1절 개념과 가치

1. 개념과 배경

　기업가정신은 창업가의 개인적 성격과 배경으로부터 비롯된다. 창업가는 새로운 것을 시도하는 사람으로 맡은 일을 수행하는 근로자도 창의성을 가지고 조직에 기여하면 경영자가 아니더라도 해당된다. 일단 창업가는 기업가정신을 갖추어야 하며 위험을 감수하면서 이윤을 추구하는 사람이다. 위험 감수는 위험을 추구한다는 뜻이며 기존 시장에서 새로운 수요를 창출하거나 아직까지 만족스럽지 못한 욕구를 보충하는 역할을 말한다. 생산부터 마케팅에 관련된 모든 자원을 총괄하는 사람인 창업가는 새롭게 기업을 만들었더라도 지속적인 기업가정신으로 조직을 경영해야 한다.

　이에 창업을 응원해주는 환경, 적절한 재정 지원, 성공한 창업가의 경험 등으로 새로운 창업가가 있다고 하더라도 정부가 창업정신을 높이고 그것을 적극

• Chapter 02 기업가정신 •

지원해주지 않으면 경쟁력 있는 창업가의 배출은 어렵다. 특히, 창업가는 저절로 성공하는 것이 아니라 사회문화적 배경 아래 교육으로 성장할 수 있다.

창업 의도는 기업가정신과 직결된다. 이는 부의 창조, 기업 설립, 혁신, 변화, 고용 창출, 가치 창조, 성장과 연결된다. 기업가정신은 강한 의지, 미래 목표에 대한 몰입된 행동, 목표를 달성하려고 다른 불필요한 행동을 줄이는 통제력, 개인 경험이나 사건(예를 들어, 이게 있었으면 참 편할 텐데), 분명한 계획성과 의도성, 국가나 사회에 미치는 중요성과 관련이 있다. 창업 의도를 바탕으로 목표에 집중하는 성향이 강할수록 성공 가능성은 높아진다. 그러한 창업 의도는 다양한 준비, 교육에 따른 의지 함양이 바탕이 된다.

기업가정신의 개념은 사람마다 차이가 있지만 기업가가 갖추어야 하는 진취적 사고 또는 혁신적 사고를 말한다. 기업가 개인 태도, 역량, 가치를 총괄하기도 하며 불확실성에서 새로운 가치를 만들려고 하는 기업가의 의지라고 볼 수 있다. 아무것도 아닌 것에서 가치 있는 무언가를 만드는 창조적 행동, 위험을 감수하고 새로운 기회를 만드는 자세, 다른 사람이 몰랐던 기회를 찾는 능력 등을 기업가정신이라고 말하기도 한다. 기업가정신은 창업자에게만 있는 것이 아니라 회사 내 조직 구성원도 가질 수 있고 사회 변화에 초점을 두는 사회적 기업에서도 나타날 수 있다.

개인적 특성에 초점을 맞추면 강한 열정과 책임감, 긍정적 사고, 부지런한 생활, 자기주도 성향, 절약 정신, 신용 관리, 건강 유지라고 볼 수 있다. 이러한 특성을 모두 갖추었다고 해서 기업가정신이 잘 발휘되고 창업 후 성공을 보장하는 것은 아니다. 1명 이상의 조직 구성원과 의사소통 능력, 풍부한 지식, 자금 조달 등도 매우 중요하다. 이러한 개인적 특성에 해당되는 요소는 "리더십" 교육의 목적과 창업과 기업가정신에서 추구하는 목적이 사실은 같다.

"리더십"에서 강조하는 모델(본받을 사람) 설정, 현재를 직시하고 기회 만들기, 시련을 이겨내는 능력 기르기, 인간관계 기술 습득, 꾸준한 교육 등은 모두 기업가정신에 그대로 적용된다. 반대로 "리더십"을 해치는 자만심, 스타의식(일명 잘난 척), 다혈질(감정적 태도), 극도의 신중 또는 소심(좋은 때를 놓침), 사람에 대한 불신, 구성원(타인)에 대한 무관심, 예스맨(모두 옳고 좋은 게 좋다고 생각하는 사람), 집단사고 등은 기업가정신에서도 마찬가지다.

2. 가치와 교육 목적 : 개인 삶의 향상과 국가경쟁력 강화

기업가정신을 국내외에서 강조하는 이유는 일단 개인의 삶이 나아지는데 도움을 줄 수 있다. 더 넓게는 기업 활성화로 사회 전체의 경제 활성화로 이어지며 국가경쟁력 강화와 연결된다. 새로운 경제 성장 동력을 찾고 기업 문화의 새로운 흐름을 가져오는데 바탕이 된다. 이 때문에 정부나 대학을 중심으로 창업과 기업가정신을 교육하고 창업하려는 사람에게 각종 지원을 하고 있다.

기업가정신의 특성을 한 가지의 조사, 연구, 설문, 응답으로 일반화할 수 없지만 대체로 "몰입, 인내심, 결단력, 성취욕구, 기회포착, 독창성"을 요소로 한다. 덧붙여서 "당장 시도(실행)하는 용기, 토론과 회의보다 직접 무언가를 시도하는 것, 적절한 고생과 위험을 감수하려는 성향"이 있다. 그런데 이러한 특징은 창업가만이 아니라 조직 내에서 가지고 있는 사람이 의외로 많다. "실제로 안 하고 말 많은 사람, 전혀 고생하거나 위험한 행동을 안 하는 사람, 거듭되는 회의에서 아무런 결과가 없는 경우, 실행하지 않고 미루는 업무" 등에 해당되는 사람과는 반대다.

물론 과거에도 창업은 이루어졌고 수많은 아이디어가 쏟아지고 정부와 기업의 도움이 있었다. 그런데 기업가정신을 실현하려면 많은 점이 필요하다. 아이디어, 실행 가능성, 경쟁력, 명확한 목표, 자금 조달이 중요하다. 이러한 요소가 잘 조합되는 경우도 있지만 그렇지 못한 경우도 많기에 성공적 창업은 쉽지 않다. 이에 기업가정신은 계발되는 것이 아니라 선천적인 재능이라고 믿는 사람이 많다.

그렇지만 완전히 무에서 유를 창조하는 창의력만 있는 것이 아니라 기존 제품이나 서비스를 개선하거나 이미 있는 것을 결합해서 새 것을 만드는 행위도 훌륭한 기업가정신에 포함된다. 경쟁자보다 한 발 앞서 시장 변화를 읽고 적극적으로 행동하는 모습도 기업가정신과 관련이 있다. 다른 사람은 무관심한데 나는 그것에 관심을 두고 바꾸었을 때 돈을 벌고 많은 사람에게 영향을 준다면 충분히 기업가정신을 발휘한 것이다.

조직 내 기업가정신이 필요하다고 주장하는 사람이 많다. 주요 내용으로는 새로운 경쟁자를 극복하려는 목적, 유능한 인재의 퇴사 방지, 회사 성장에 밑바탕에 도움이 된다. 자신의 기업을 위협하는 경쟁자보다 우위에 있으려면 기업가정신을 가진 사람이 있어야 한다. 유능한 인재가 회사를 떠나면 회사도 손해고 그 인재도

퇴직 시점부터 얼마간 손해다. 만약 그렇게 유능한 인재가 경쟁사에 들어간다면 중장기적으로 상당한 위협이 될 수도 있다. 이 때문에 회사 성장을 목표로 많은 사람들이 회사 내 기업가정신을 강조하고 있다.

기업가정신은 조직을 구성하는 혁신적 개인이 기업가 문화를 만들려고 해야 한다. 그 대표적인 예로 "사내 벤처"를 들 수 있다. 개인이 추구하는 가치를 드러낼 수 있는 팀 구성을 바탕으로 위험에 대한 부담과 성과 보상을 회사에서 감수한다. 혼자서 창업하는 사람과 비교해 회사로부터 안정적 지원을 받을 수 있고 사내 자원도 잘 활용할 수 있다는 장점이 있다. 이렇게 할 수 있는 기업은 보통 사내 벤처 관리자를 두고 있으며 팀을 지원하고 격려하는 일을 맡고 있다. KT, 네이버, 인터파크, G마켓의 성장은 사내 벤처의 영향이 강했고 그렇게 할 수 있었던 이유 가운데 하나가 바로 기업가정신이다.

기업가정신은 비단 기업에만 적용되지 않는다. 몇 년 전부터 비영리적 동기를 바탕으로 공익을 추구하는 사회적 경제에 관심을 두는 사람이 많아지면서 협동조합, 마을기업 등이 생겼다. 시장 약자 배려, 실업 해소, 시민(주민) 주도 등을 특징으로 한다. 크고 작은 사회 문제 해결을 목표로 하는 기업, 공익성과 수익성을 동시에 추구하는 기업이 사회적 기업가정신을 추구한다고 볼 수 있다. 이윤 추구만이 우선이 아니기 때문에 기업에서 말하는 기업가정신보다 더 "의지"가 강해야 한다.

그렇다고 해서 이것이 비영리민간단체 활동이 추구하는 이념과 같다고 생각하면 안 된다. 가장 큰 이유는 꾸준히 수익성을 추구하기 때문이며 일정 부분 위험도 감수하면서 유급 노동을 해야 한다. 일정한 고객의 필요에 맞춰야 하고 지역사회 경제 성장에 도움을 주고 때로는 공공 서비스를 제공해야 한다. 그래서 사회적 기업가정신은 수익성과 공익성 사이에서 종종 방향을 잃는 경우가 생기는데 이를 막고자 정부에서 많은 노력을 기울이고 있다.

사회적 기업가정신과 달리 "기술"을 기반으로 하는 창업은 특정 분야에 전문성을 확실히 가지고 있다. 보통 벤처창업 또는 기술 집약 창업이라고 말하기도 하는데 가장 위험이 크고 투입하는 자본이 많지만 성공하면 고수익을 창출한다는 점에서 많은 사람들이 매력을 느끼고 있다. 여기에 해당하는 기업가정신은 기술 개발 이후 사업화 단계까지 무척 어려운 고비가 많아서 정부나 기업에서 가장 지원의 폭이 넓고 세밀하다.

특히, 가족기업은 기업가정신이 가장 잘 모여진 형태다. 이른바 가업계승은 어릴 때부터 승계 받을 사람이 직간접적으로 창업자의 행동을 보고 자랐을 뿐만 아니라 특정 영역에서 쌓은 역사(전통), 특수성(전문 기술이나 기능), 차별성(독특성)이 잘 드러난다. 가족기업은 한꺼번에 전체가 달라지기는 쉽지 않으나 꾸준하게 새로운 부분을 접목하면 가업이 확장될 여지가 있다는 점이 특징이다.

기업가정신은 스스로 의지를 확고하게 하면서 학습할 수도 있지만 어릴 적부터 지속적으로 교육받는 것이 무척 중요하다. 기업가정신은 위인전을 읽는 것부터 시작해 정신에서 제품과 서비스가 탄생한 과정(절차), 어려움 극복, 좌절과 성공 등을 자세히 배울 필요가 있다. 워낙 제품과 서비스가 다양해서 이 책에서 그것을 다루지는 않지만 기업가정신은 일상에서 창업해 잘 살아가는 사람에게서 찾아볼 수 있다. 이렇게 기업가정신은 교육하고 학습할 가치가 분명히 있다.

제2절 기업가정신 진단과 리더십

1. 기업가정신 진단과 계발 : 후천적 계발 가능

기업가정신은 선천적 자질만이 아니라 후천적으로 계발 가능하므로 스스로 기업가정신을 어느 정도 높일 수 있는지 확인해보면 좋다. 아래 문항에 "그렇다" 또는 "아니다"라고 답하면서 창업자의 자질을 살펴보도록 한다.

① 타인과 경쟁해서 보상받기를 원한다.
② 미래를 생각해서 현재 위험을 받아들인다.
③ 일을 잘 해서 인정받고 싶다.
④ 일단 일을 시작하면 끝까지 한다.
⑤ 기존 관행에서 벗어나고 싶다.
⑥ 타인의 시선보다 일에 집중하는 편이다.
⑦ 다른 사람 의견보다 내 생각대로 한다.
⑧ 실패나 실수를 두려워하지 않는다.
⑨ 호기심이 많은 편이다.
⑩ (나보다 능력이 떨어지는 사람으로부터) 지시 받기 싫어한다.
⑪ 비난이나 비판을 참을 수 있다.
⑫ 주변 사람이 나처럼 일하기를 바란다.
⑬ 가만히 앉아 있지 못한다.
⑭ 다른 사람 성공을 돕기보다 내 일을 실패하는 것이 편하다.
⑮ 어릴 때부터 스스로 돈을 번 적이 있다.

• Chapter 02 기업가정신 •

    15개의 문항에서 "그렇다"라고 응답한 개수가 많을수록 창업가의 자질을 가지고 있다고 볼 수 있다. 경쟁심이 강하고 위험을 감수하며 일을 끝까지 잘 해서 인정받고 싶은 욕구는 창업가 개인의 특징이라고 할 수 있다. 기존 관행에서 벗어나는 생각과 행동, 남의 시선에 아랑곳하지 않고 주관대로 집중하고 다른 사람의 의견보다 내 생각을 관철하는 모습, 실패나 실수를 잘 받아들이고 호기심이 많은 성격, 타인의 지시를 받기는 싫지만 비난이나 비판을 수용하는 참을성과 책임감, 주변 사람이 나처럼 열정과 집중력, 가만히 있지 못하고 무언가를 하려고 하는 적극성, 타인의 성공보다 나의 실패를 경험으로 여기는 사고, 어릴 때부터 돈 버는데 관심을 두는 마음이 바로 창업가의 자질이라고 할 수 있다.

    그렇지만 해당되는 항목이 적다고 해서 창업을 못한다는 의미는 결코 아니다. 많은 창업가가 처음부터 자질이 충분했다고 볼 수는 없고 "산전수전" 겪다보니 계발된 경우가 더 많다. 어쩌면 풍부한 창업가적 자질이 "독"이 되는 환경이나 상황도 분명히 존재하기 때문에 어느 정도 참고만 하는 것이 좋다.

    창업가로서 특성 등을 확인하는 문항으로 솔직하게 응답할수록 내가 얼마나 의지가 있는지, 앞으로 준비할 것이 무엇인지 파악할 수 있다.

---

① 나만의 사업장(독립된 사무실)을 가지고 싶다.
② 나에게 신용(약속)은 무엇보다 중요하다.
③ 재무회계에 관한 기초 지식이 있다.
④ 연락처를 평소에 잘 정리하는 편이다.
⑤ 건강에 자신이 있다.

⑥ 즐겁지 않은 모임에서도 참고 즐길 수 있다.
⑦ 창업 관련 설명회, 박람회, 강연에 참석한 적 있다.
⑧ 물건 살 때 꼼꼼하게 따지는 편이다.
⑨ 식당에서 음식이 늦게 나와도 짜증내지 않는다(배달 주문 포함).
⑩ 사람의 특성(이름 등)을 잘 기억하는 편이다.
⑪ 상대방 기분을 상하지 않게 거절할 수 있다.
⑫ 이해득실 계산이 빠르다.
⑬ 취미나 특기가 한 가지 이상 있다.
⑭ 여러 가지 일(아르바이트)을 해본 적 있다.
⑮ 다른 사람의 요청이나 부탁에 잘 응답한다.

위에 15가지 문장에 자신이 어느 정도 해당되는지, 만약 해당된다면 "강하게 관련되어 있는지 반대로 약하게 관련되어 있는지"를 점검하면 된다. 나만의 사무실을 가지고 싶은 마음은 거의 모든 창업자에게 나타나는 모습이다. 기업가정신이 어디에서 표현되는지는 의외로 중요하다. 도심 사무실, "골방", 숲이나 바다에 가까운 곳, 사람 모으기 좋은 접대용 구조인지 등은 창업가의 성격이나 개성이 반영된다. 만약 현실적인 이유로 그렇지 못하더라도 창업자는 자신이 꿈꾸는 이상적인 사무실이 있다.

보통 신용은 금전 거래에서 돈을 잘 빌릴 수 있는지, 돈을 잘 갚을 수 있는지에 따라 크게 영향을 받는다. 신용이 나쁘면 그만큼 돈을 융통할 여지는 적어진다. 그런데 사회 초년생 기준으로 금융에서 말하는 신용을 적용하기보다 "약속"을 잘 지키는지 여부로 판가름하는 편이 더 적합하다. 시간 약속을 포함한 과제 마감기한을 지키는 모든 경우가 해당된다.

재무회계에 관한 기초 지식은 단식 부기와 복식 부기의 개념으로 이해할 수 있다. 우리가 쓰는 일반적인 입출금 통장은 단식 부기다. 쉽게 잔액과 입출금 내역을 확인할 수 있다. 그렇지만 미래 시점에서 얼마나 자금이 회전되는지 여부 등을 정확히 알려면 복식 부기가 필요하다. 많은 사람들이 현재 얼마 돈이 있는지를 중요하게 생각하는데 기업 운영은 미래에 투자할 돈과 빌리고 갚을 자금에 대한 계산이 정확해야 한다. 세밀한 지식은 아니더라도 기본적인 원리와 용어를 잘 알고 있으면 무조건 유리하다.

연락처 정리는 명함, 전화번호, 주소 관리 등을 포괄적으로 말한다. 손으로 적는 사람부터 "앱"으로 정리하는 사람까지 그 방식은 다양하다. 여기서 기준은 얼마나 최신 내용으로 정리되어 있는지에 초점을 두면 된다.

건강은 젊은 사람이라고 해서 안심해서는 안 된다. 만약 몸이 약한 사람이라면 평소에 자신에게 맞는 방법을 찾아서 보완해야 한다. 반대로 몸이 건강한 사람도 자만하면 안 된다. 며칠 아프면 그만큼 손해다.

즐겁지 않은 모임에서 참는다는 것은 "만나기 싫은 사람, 굳이 내가 있을 필요가 없는 자리, 나를 불편하게 만들지만 거래 때문에 어쩔 수 없이 상대해야 하는 사람"에 관한 내용이다. 스트레스를 많이 받지만 적당한 참을성이 필요한 상황이 많다.

창업 관련 집단이나 모임에 참석했는지 여부는 실질적인 관심과 준비 여부를 확인하는 문항이다. 내용을 잘 몰라도 일단 현장에 가는 것 자체가 중요하다. 요즘 정부나 대학에서 창업 관련 행사를 하면 사은품(쿠폰)을 많이 주기 때문에 시간 내서 가기를 권유한다.

물건 살 때 꼼꼼하게 따지는 습관은 공동구매, 가격비교가 쉬워지면서 과거보다 더 많은 사람에게 해당되는 항목이다. 그런데 가격이나 품질을 꼼꼼하게 파악하는 습관은 창업가가 길러야하는 습관이면서도 조직 구성원들에게 꾸준히 알려주어야 한다. 같은 품질일 때 이왕이면 낮은 가격, 가격이 비슷할 때는 가능한 더 나은 품질이 좋은 것은 당연하다.

식당에서 음식이 늦게 나와도 짜증내지 않거나 배달 주문이 늦어도 화내거나 개의치 않는다는 뜻은 상황에 따라 달리 이해할 수 있는 여지가 많다. 여기서 주요 내용은 "답답하고 지지부진해도 그것을 잘 참는지"에 관한 것이다.

사람의 특성(이름 등)을 잘 기억하는 능력은 창업가뿐만 아니라 대인 관계가 중요한 직업에 종사하는 사람에게 해당된다. 이름만이 아니라 외모, 성격, 말투 등을 잘 기억하는 것을 모두 말한다.

상대방 기분을 상하지 않게 거절하는 것은 잘못되거나 무리한 요구를 수용해서 일을 망치는 일을 막는데 필요하다. 모든 부탁이나 요청을 거절할 수는 없지만 만약 거절한다면 상대방 기분을 고려하면서 해야 한다. 이는 능력이라기보다 경험에서 터득하는 경우가 많다.

이해득실 계산이 빠르면 거래할 때 유리하다. 원가를 얼마나 줄일지, 현금을 깎기보다 물건을 더 주는 것이 나을지, 몇 원 이하로는 낮추면 안 되는지 등이 대표적인 사례다. 계산이 빠르면 그만큼 판단하는 속도도 빨라지므로 창업가에게 도움이 된다.

취미나 특기를 한 가지 이상 가지고 있으면 스트레스 해소에 크게 기여한다. 특히, 모임이 많은 한국 사회에서 새로운 인맥을 만들고 그러한 동호회에서 "가끔 얻어 걸리는" 일감이 생길 수 있다. 또는 다양한 사람과 대화하면서 다른 업종, 타인의 삶에 관심을 넓히는 계기가 된다.

여러 가지 일(아르바이트)을 해본 적 있으면 내가 창업에 어울리는지 여부를 빨리 확인할 수 있다. 그렇지 않으면 어느 일이 나에게 맞고 안 맞는지를 확인하는데 편하다. 물론 여러 가지 일을 하지 않거나 못한 사람이 창업을 못한다는 의미는 아니다. 청년기에 다양한 경험이 많으면 유리하다는 의미로 생각하면 된다.

다른 사람의 요청이나 부탁에 잘 응답한다는 의미는 위에서 언급한 거절을 잘 한다는 내용과 다르다. 상대방 전화에 신속하게 답하는지, 간단한 문의 사항이나 설명을 해달라는 요구를 잘 들어주는지, 이메일 수신 후 최대한 신속 정확하게 답을 하는지 등이다. 일상에서 수없이 많은 사례가 있는데 응답이 늦거나 부정확할수록 상대방이 나를 덜 믿는다.

기업가정신에 관한 자기 진단을 아래와 같이 더 할 수 있다. 이것은 "강약"

을 항목마다 스스로 확인하는 형태다. "매우 약하면 1, 매우 강하면 9"에 표시하면 되는데 스스로 솔직하게 응답해야 좋다(점수가 낮다고 해서 누가 뭐라고 하는 것이 아니다).

항목	약 1 2 3	중 4 5 6	강 7 8 9
도전정신(개혁성)			
자기 주도성(진취성)			
위험 수용(감수)			
결단력(결정력)			
(업무)책임감			
(구성원)설득력			
자기계발(교육)			
자기절제(통제)			
문제(과제)해결력			
자료(조사)해석력			
상황판단(시장인식)			
자원(자금)조달			
창업(기술기능)지식			
인간관계(인맥관리)			
돈에 대한 욕구			

① 도전정신은 개혁적 성향, 현재 상태를 바꾸고 싶은 마음이다. 새 제품을 만드는 창업이라면 도전정신은 필수적이다.

② 자기 주도성은 진취적 태도를 말한다. 부지런하고 스스로 계획하고 움직이는 모습으로 능동적 생활을 한다는 의미다.

③ 위험 수용은 위험을 기꺼이 감수하거나 환경 변화나 위협에 대한 두려움이 적다는 뜻이다. 누구나 위험을 대놓고 좋아하지는 않는다. 그렇지만 사람마다 반응의 차이는 매우 다르다. 창업은 실패(폐업) 가능성을 가지기 때문에 위험을 무서워하는 성향이 강할수록 창업 자체를 두렵게 생각한다.

④ 결단력은 최종 의사 결정과 관련된다. 종업원(구성원)의 의견이 서로 다를 때 결정하는 것, 자신의 생각과 타인의 조언이 다를 때, 아무에게도 말할 수 없을 때 "나 자신에 대한 결정"도 해당된다.

⑤ 업무에 대한 책임감은 일이 잘못 되었을 때 그 책임을 다른 사람에게 전가하지 않으려는 모습과 관련이 있다. 주어진 임무 수행, 정해놓은 목표를 달성하려는 의지를 가리키는 말이기도 하다.

⑥ 설득력은 강의 또는 강연할 때 청중에게 말하는 설득력이 아니라 어떤 목표 설정, 서비스 개선, 제품 구상 등에서 구성원을 설득하는 능력에 관련이 있다. 자신과 같이 일하는 사람을 설득하지 못하는데 일반 고객을 설득하기는 어렵다.

⑦ 자기계발은 스스로 배우려는 자세를 뜻한다. 요즘은 수많은 연수교육, 자격증, 온오프라인 컨설팅이 있기 때문에 이를 끊임없이 잘 활용하려는 능력이 중요하다. 창업자가 누군가에게 지시하고 맡기는 경우도 많지만 직접 잘 알아야 한다.

⑧ 자기 통제는 절제력으로 필요한 일에 스스로 온전히 집중할 수 있는지를 말한다. 주의가 분산되면 자기 절제가 어려워지는데 여러 가지 일을 하는 것은 이에 해당되지 않는다. 창업자는 여러 가지 일을 동시에 수행할 수 있다. 불필요한 곳에 관심을 두거나 시간을 낭비하지 않는다는 의미다.

⑨ 문제 또는 과제 문제해결력이다. 문제에서 답을 찾아가듯이 제품이나 서비스를 만드는 능력을 말한다. 문제나 과제는 업종마다 다르고 시대 변화에 따라 범위가 상당히 달라진다. 어쩌면 문제나 과제를 해결할 수 없다고 결정하는 것 자체가 해결한 것일 수도 있다.

⑩ 자료 조사와 해석력은 시장조사를 얼마나 잘 할 수 있는지, 사실을 어느 정도 잘 해석할 수 있는지를 말한다. 자료 조사는 마케팅 등에서 핵심인데 의외로 조사하기가 어렵고 자신이 원하는 대로 해석하기 쉽다. 냉정하고 객관적으로 조사 해석하는지와 직결된다.

⑪ 상황판단은 시장 인식이나 흐름을 포착하는 능력이다. 제품이나 서비스를 언제 처음 실시(출시)할지, 현재 고객 반응이 무엇으로부터 나타난 것인지, 광

고할 것인지 아니지 등은 모두 상황판단에 해당된다. 의사결정(결단력)과 비슷할 수도 있지만 조직 외부에 더 초점을 둔다.

⑫ 자원과 자금 조달은 처음 창업하는 사람에게 가장 어렵고도 까다롭다. 어디서 얼마나 자금을 빌려야 할지 막막하기도 하고 어느 기업 자원을 확보해야할지(일명 거래처 확보) 등은 "실제 부딪쳐보는" 방법이 가장 유용하다. 그런데 시행착오를 줄이려면 "꼼꼼한", "치밀한" 성격적 특성을 강화해야 한다.

⑬ 창업 지식은 창업자의 기술, 기능, 지식을 모두 포괄한다. 이것은 자기계발과 연결되는데 첫 창업을 하는 사람은 아무래도 기존 창업자보다 지식을 덜 가지고 있다. 그렇지만 후천적으로 계발 가능한 특성이므로 자신의 시간과 노력을 얼마나 투자하는지에 따라서 지식 보유 정도는 크게 달라진다.

⑭ 인간관계는 단순히 많은 사람을 알아서 좋다는 뜻이 아니다. 한 사람이라도 창업이나 경영할 때 의지 또는 도움을 받을 수 있는 사람이 있으면 충분하다. 반대로 다수의 사람에게 여러 가지 정보를 얻을 수도 있다. 머릿수보다 주변 사람을 어느 정도 원만하게 잘 관리하는지가 훨씬 중요하다. 사람을 잘 관리하지 못하면 "꽝"이다.

⑮ 돈에 대한 욕구는 기업가정신에서 가장 중요하면서도 부각되지 않은 특징이다. 자신이 어떤 조직에 고용되어 많은 연봉이나 급여를 받을 수도 있다. 그런데 굳이 왜 창업을 하려는지 한번쯤 고민해봐야 한다. 어떤 사람은 돈을 적게 벌더라도 다른 것이 편해야 한다고 말하기도 한다. 소수의 사람은 돈보다 사회적

가치에 강한 관심을 가진다. 이런 사람은 내가 돈을 많이 갖기보다 나눔을 실천한다. 기본적으로 기업가정신을 갖추는 사람은 많은 돈을 원하는 욕구가 강한 사람이다. 누구나 자연스럽게 많은 돈을 벌기를 원하는데 그보다 더 강한 "돈에 대한 욕구"를 가진 사람이 기업가다. 위험을 감수할 수 있는 강한 원동력은 "많은 돈을 벌 수 있다는 희망"이 있기 때문이다.

실패의 중요성을 배운다는 표현이 이상하지만 실패하지 않은 사람은 사실 찾는 것이 불가능하다. 아래와 같이 실패를 값진 경험이라고 말하는 사람의 이야기를 살펴보자.

> 실패는 새로운 시도를 통해서만 얻을 수 있는 전리품이라고 합니다.
> 그런 반면 성공은 우리 내면에 있는 가장 강한 적이라고도 합니다.
> 우리의 삶에서 성공하는 법을 가르치는 곳은 많지만 실패를 가르치는 곳은 없습니다.
> 실패는 오로지 자신 안에서만 배울 수 있는 그 어떤 스승도 가르쳐 줄 수 없는 가장 값진 경험입니다.
>
> 조금만 눈을 돌려보면 세상이 보입니다. 자전거를 배울 때도 잘 타는 것보다 잘 넘어지는 것을 먼저 배운다는 것을 유도를 배울 때도 공격하는 법보다 덜 다치는 낙법부터 배워야 한다는 것을 비행기의 이륙보다 더 중요한 것은 착륙 기술이라는 것을 그 착륙 기술이 위기에서 승객을 구한다는 것을 선박의 항해기술보다 침몰 순간의 판단 능력과 탈출 훈련이 승객의 목숨을 구한다는 것을 그 누구에게서도 배울 수 없는 실패라는 경험을 통해서 다시 태어난 순간 우리는 깨닫게 됩니다.
>
> 도전하지 않으면 실패도 없지만 성공도 없다는 것을
>
> 출처 : 중소벤처기업부 · 창업진흥원(2017). 나를 성장시킨 실패이야기(2017 혁신적 실패사례 공모전 우수사례집). 머리말.

• Chapter 02 기업가정신 •

한국의 기업가정신의 특징을 바탕으로 역량 계발 방안은 여러 가지다. 첫째, 미래의 창업가는 취업을 목적으로 하는 것보다 높은 수준의 성취 욕구 등을 기르고 창업의 가치를 높이 평가받도록 하는 사회적 분위기 조성이 중요하다. 이는 창업과 경영에 확신과 자신감을 가질 수 있도록 교육 창업 환경 개선에 노력해야 한다. 특히, 과거 재벌 창업가들이 소규모로 시작해 거대한 재벌 기업으로 성장할 때까지 정부가 많은 영향을 주었다는 점에서 미래 창업가 육성에 정책적 노력은 무시할 수 없다. 많은 재벌 창업가의 창업 계기가 주변인 권유와 투자에서 비롯되었다는 점에서 창업에 대한 사회적 관심이 더 많아져야 한다. 특히, 창업가 스스로 교육, 훈련, 사회 경험을 바탕으로 기업을 만들었다는 점은 주목할 만하다. 창업에 막연한 관심을 가지고 시중에 유행하거나 유망할 것으로 보이는 사업에 준비 없이 도전하기보다 자신의 경력이나 경로에서 경험한 지식과 경험을 바탕으로 도전하는 것이 바람직하다. 아주 작은 규모로 창업하더라도 이미 대기업 위주의 시장, 외국 업체와 경쟁, 직거래를 고려한다면 시각이 더욱 넓어져야 한다(중소기업청·한국청년기업가정신재단, 2015 : 38-40).

장인정신은 초창기 창조와 혁신을 추구하던 벤처기업인들이 기업이 커지면서 초기 순수성을 상실하는 경우가 많다. 이를 유지하면 장인정신의 중요성을 학습하고 어떻게 그것을 유지할 수 있는지 배워야 한다. 창업과 경영은 관리가 아니라 협력과 협업이 우선이므로 리더십에 관해 꾸준히 관심을 기울여야 한다(중소기업청·한국청년기업가정신재단, 2015 : 73).

창업정신과 같이 비경제적인 요인이 창업을 결심하는데 주요 동기로 확인되었으며 정부의 지원정책 등은 큰 영향을 미치지 않다는 연구도 있다. 그러나 창업을 준비하고 운영할 때 실제로 부딪히는 어려움을 해결하기 위해서는 정부의 지원정책이 청년창업 활성화에 반드시 필요하다. 특히, 실패 후에도 재도전할 수 있고 아이디어만으로도 창업할 수 있으려면 정부 차원의 노력이 필수적이다. 창업 실패에 대한 책임이 개인에게 있다고 바라보는 현실은 창업 활성화에 가장 큰 장애다. 창업자금을 본인이나 가족의 융자로 해결하는 상황에서는 어렵기 때문에 창업자금 지원 방향을 융자에서 투자로 전환해야 한다(박천수·박 동·김수진, 2014).

2. 리더십의 필요성 : 경영자와 구성원 관계

기업가정신과 깊이 연결되는 개념은 바로 "리더십"이다. 리더십은 목표 달성을 하려고 개인이나 집단을 조정하게 하는 기술이다. 보통 리더가 자발적으로 적극적 행동을 유발해 동기를 부여하고 영향력을 미치는 능력이다. 창업자가 1명 이상의 구성원과 같이 일하면 자연스럽게 리더십에 관심을 기울인다.

리더십은 개인의 개성, 특성과 관련된 특성론이 있다. 이것은 사람의 신체, 성격, 능력과 깊은 관련이 있다. 예를 들어, 세계적인 기업의 회장들은 특성론에 따라 설명할 수 있다. 보통 자부심이 크고 열정적이며 스트레스를 견디는 능력이 큰 편이다. 이로서 목표를 달성하려고 무척 많은 방법을 동원하며 실패하더라도 오래 걸리지 않고 다시 일어서는 모습을 보인다.

리더십의 상황론은 환경의 변화에 따라 리더십의 모습이 달라진다고 본다.

리더와 구성원(성격, 욕구 등)의 관계, 업무 구조(규칙, 절차 등), 성숙도 등과 관련이 있다. 행태론은 리더와 구성원 사이의 드러난 모습을 바탕으로 리더십 이론을 만든 것이다. 여러 가지 리더십이론의 공통점이라고 한다면, 사람 중심-업무 중심에서 어디에 더 중심을 두고 리더십을 발휘하는지에 달려 있다. 어떤 창업자는 구성원이라는 사람에 초점을 두고 회사를 운영하는 반면에 업무를 중심으로 경영하기도 한다. 상황론이나 행태론에서 설명하는 수많은 리더십 이론 가운데 어느 것이 더 좋거나 옳다고는 할 수 없으며 일정한 지식을 가지고 있는 것이 기업가정신을 잘 계발하는데 많은 도움이 된다. 이에 대표적인 리더십 이론 가운데 하나인 "변혁적 리더십"에 대해서 살펴보도록 한다.

"변혁적 리더십"은 리더와 구성원이 더 높은 수준의 도덕성과 동기로 서로 이끌어 가는 관계를 포함하는 과정이다. 변혁적 리더는 높은 차원의 목표에 접근하려고 구성원의 의식을 더 높은 단계로 올리려고 한다. 리더는 일상적인 차원의 구성원을 더 나은 사람으로 바꾸려고 한다. 반드시 창업자나 경영자만 가질 수 있는 것이 아니라 작은 규모(단위)에서도 충분히 발휘될 수 있다.

리더는 구성원에게 결과물에 대한 가치, 중요성 등을 숙지하도록 하거나 개인보다 조직 전체에 헌신하도록 유도한다. 변혁적 리더십은 카리스마(개인의 매력)을 넘어선 더 큰 영향력이라고 한다. 추가적으로 리더가 구성원에게 도전, 비전 등을 수용하도록 격려한다. 리더는 구성원에게 특별한 관심을 보이고 특정한 요구를 이해해주면서 개인적으로 존중하고 있다는 모습을 전달한다. 그러면서 형식적 사고, 관습, 습관에서 벗어나 다시 생각하도록 유도하는 지적 자극을

동반한다.

그렇게 하려면 창업자가 구성원을 지배하기보다 섬기는 모습도 필요하다. 경청하는 자세, 끊임없는 자기관리 등이 포함된다. 특히, "거래적 리더십"과 연결해서 리더는 구성원이 정해진 목표를 달성하면 그에 맞는 보상을 해주어야 한다. 리더가 목표를 거창하게 세우고 구성원을 독려하더라도 적합한 보상을 제공하지 않으면 의미가 없다. 마찬가지로 구성원도 더 높은 차원의 보상을 받으려고 목표를 달성해야 한다.

이 때 필요한 것이 바로 스트레스 관리다. 스트레스(일반적응증후군)의 개념을 굳이 설명하지 않아도 잘 알고 있다. 스트레스는 일반적으로 경고(알림), 저항(극복하려는 노력), 소진(완전히 지친) 단계를 거친다. 소진 단계에서 심신이 극도로 약해진다. 특히, 창업자가 스트레스 위기에 있으면 관리 전략을 세우고 실천해야 한다.

개인적으로는 자신이 좋아하거나 잘 하는 운동, 일부러 긴장을 줄이려는 노력, 지지해주는 사람과 만남 등이 있다. 또는 자신에게 도움을 줄 수 있는 사람과 관계를 맺으면서 스트레스는 줄이고 새롭게 배우는 과정을 만들 수도 있다.

제3장
창의력

"인간은 창조하는 과정에서 세상을 자기와 일치시킨다."
- 에리히 프롬(철학가)

■ 들어가기

창의력은 많은 사람들이 서로 다른 정의를 하지만 새로움의 탄생이라는 의미를 지닌다. 창의력은 일정한 단계를 거치는데 자신이 관심 있는 분야에 몰입하다가 어느 순간이 되면 머릿속에 불이 켜지는 느낌을 받을 때 아이디어가 만들어진다.

새로운 아이디어는 기존 사고방식의 전환에서 시작된다. 약간의 전환이 큰 변화를 이끌어내기도 하는데 아이디어를 발견하는 여러 가지 방법을 배워야 한다. 자유롭게 이야기하는 가장 단순한 방법부터 누군가와 도움을 주고받아야 하는 정교한 방법까지 살펴볼 수 있다.

■ 생각해보기

1. 스스로 생각하는 창의력이란 무엇인가?
2. 자신의 관심 분야에 몰입한 경험이 있는가?
3. 갑자기 영감이 떠오른 적이 있다면 어떻게 반응했는가?
4. 내가 제시한 방법이 실현된 적이 있는가?
5. 직접 해본 적이 있는 아이디어 발견 방법은 무엇인가?

제3장 창의력

제1절 의미와 단계

1. 의미 : 새로움의 탄생

　창의력은 기존에 없던 것을 처음으로 만드는 능력, 새로운 성과나 가치를 이룩한다는 의미를 지닌다. 새로운 것을 생각하는 특성으로 어떤 문제나 상황을 해결, 개선하려는 의지가 강한 사람에게서 나타난다. 창의력은 고정관념, 편견, 선입견에서 벗어나 새로운 방식으로 생각할 때 드러난다. 그 결과로 문제가 해결, 개선되면 "창의력이 빛을 발휘했다"고 표현한다. 개인의 창의력은 독특하거나 특이한 방법으로, 아이디어를 결합하는데 전문지식과 자신의 내적 동기가 바탕이 되어야 한다. 여기서 독특하거나 특이한 방법은 가끔 "이상하거나 엉뚱하거나 뜬금없는" 아이디어나 관점을 포함한다. 이러한 아이디어는 그저 상상만으로 끝날 수도 있지만 전문지식과 내적 동기가 있는 사람이라면 이것을 실현하고자 노력한다.

• Chapter 03 창의력 •

창의력을 실현하는 사람이 많아질수록 창업하기 유리한 환경이 만들어진다. 이 때 창조산업으로 부를만한 기업이 생기고 그 기업이 추구하는 기업가정신이 사회적으로 널리 알려진다. 창조산업은 새로운 시장과 수요 창출로 부가가치를 극대화하는 시스템이다. 이를 하나로 정의할 수는 없지만 기술, 지식, 관광, 문화 등 어디서나 그것은 이루어질 수 있다. 창의력은 기업의 경쟁력을 강화하고 개인, 기업, 사회, 국가를 긍정적 방향으로 이끌어가는 중요한 요소다.

> **Power Tip**
>
> 기업가의 창의력에 관심을 두는 사람이라면 기업가의 자서전이나 평전에서 그 해답을 찾아보도록 한다. 성공한 현재의 모습이 아니라 창의력을 어떤 시점과 장소에서 발휘했는지, 그것은 필연 또는 우연이었는지, 혼자 고민한 것인지 누군가와 같이 해서 나타난 것인지 등을 살펴보면 창의력을 더 친숙하게 대할 수 있다.

창의력은 창업자에게만 필요한 것이 아니라 모든 조직에서 이를 강조한지 오래다. 그 이유는 개인과 조직이 필요하면서도 성장의 기회이기 때문이다. 그렇지만 창의력에 관한 문제가 많이 나타나고 있는데 기존 것을 지키려는 태도, 저항, 고정관념이 대표적인 원인이다. 창의력은 보통 "아이디어"를 말하기도 하는데 상상력으로부터 시작한다. 상상력은 논리적으로 설명하기 어려운 부분까지 포함하며 실물로 드러나기 전까지 어떤 모양으로 표현하기가 어렵다.

창의력은 천부적이며 통찰력을 가져야만 되는 것으로 생각하는 경향이 강하다. 이에 내가 아닌 다른 창의적인 사람의 아이디어를 얻으려고 하거나 극소수의 전문가에게 의존하려는 모습도 발견할 수 있다. 그렇지만 창의력은 엄청나고 거대한 것만이 아니라 사소하지만 조금이라도 이로운 방향으로 달라지게 하는 모든 것이 창의력이다.

2. 단계 : 몰입과 번뜩임

창의력은 지금까지와 다른 새로운 가치가 있는 무언가를 만드는 능력으로 독자적 발상에 근거해 혁신적으로 행동하는 것이라고 말할 수 있다. 이는 선천적인 것도 있지만 창의성이 나타날 수 있도록 교육을 받는 것이 더 중요하다. 보통 창의력 개발의 단계는 아래와 같다(오세덕·이명재·강제상·임영제, 2018).

① 문제 인식과 발견

문제를 인식하고 발견하는 단계는 아이디어 구상 직전이라고 할 수 있다. 다른 사람이 못 보는 것, 무심코 지나가는 것, 당연해서 의심할 것도 없는 부분에 문제를 제기할 때 창의력이 발휘되기 시작한다. 이렇게 창의력이 나타나려면 일단 문제를 알고 찾아야 하는데 그것은 끊임없는 관심과 열정에서 시작된다.

② 잠복 단계

무의식적으로 일어나는 창의력의 단계에서 잠복 단계의 비중은 크다. 무언가를 바꾸려는 사람의 머릿속에는 많은 정보가 조합되어 하나의 의미 있는 모습으로 발전하고 있다. 잠복 단계가 깊은 경우는 꿈에서도 지속되는데 이를 무의식에서도 창의력 발달이 진행된다고 볼 수 있다.

③ 영감 단계

새로운 아이디어가 나타나는 단계로 번뜩이는 무언가가 뇌리를 스치는 형태다. 잠복 단계에서 언제 나올지 모르기에 순간적이지만 오랜 고민의 산물이라고 할 수 있다.

④ 확인 단계

아이디어를 검증하는 단계로 예비창업자 또는 창업자가 실제로 작업하는 경우다. 시험, 재평가, 현실화하는 모든 과정을 말한다. 이때 원래 생각대로 실현되지 않아서 답답하거나 힘들어 하는 사람도 있기에 정서적 안정을 찾아야 하는 일도 있다.

창의력은 기본적으로 "아이디어를 만드는 동안 판단 보류", "가능한 많은 아이디어를 제시", "아이디어를 즉시 기록", "정교하게 만들거나 개선"해야 한다. 신축적이고 개방적인 자세를 유지하는 것은 창의력의 기본 태도다. 만약 비판과 비난이 이어진다면 좋은 생각도 표현하고 싶지 않은 법이다. 새로운 발상에 대해서 기존 사람들은 비판, 방어적 입장을 가지려다보니 자신도 모르게 거부하려고 한다. 과거 경험에 비추어 안전한 입장을 선호하다보면 창의력에서 추구하는 혁신적 아이디어가 나타나기는 쉽지 않다. 아이디어를 가능한 많이 창출하고 가장 실용적이고 이윤 추구가 가능한 특정 아이디어를 찾는 작업이 이루어져야 창업 이후 경영에 문제가 없다.

> **Power Tip**
>
> 잠복 단계에 이르면 놀고 싶고 쉬고 싶은 마음이 사라질 때 진정한 몰입(항상 관심을 두는)이 시작된다. 나도 모르게 어느새 시간이 지나가고 어디를 지나쳐 온지 모를 정도로 특정 대상에 관심을 가지면 불현 듯 영감이 떠오른다. 녹음이나 메모 기능을 그 순간에 꼭 써야 한다.

아이디어 발상 자체에 조건을 부여할 수도 있다. "일주일에 한 가지씩 아이디어를 찾아보기"와 같은 형태로 일부러 스스로 조건을 만드는 것이다. 이러한 방식이 필요한 이유는 최초 아이디어와 그 이후에 아이디어 사이에 거리를 두려는 목적이다. 거리를 두어야 조금 더 다양한 아이디어 목록을 만들 수 있다.

제2절 아이디어 찾기

1. 기존 사고방식의 전환

아이디어를 찾는 방법은 일단 기존 사고방식에서 벗어나는데서 출발한다.

① 의심이 드는 것은 꼭 확인하자. 한 번 의심하고 꼬리에 꼬리는 무는 의심을 해보자. 사람을 의심하라는 뜻이 아니라 사물을 의심하라는 말이다.

② 호기심을 가지자. 내가 평소에 관심 있는 생각과 사람과 사물을 연결하라는 것이다. 단순한 호기심보다 그것을 무언가와 연결하려는 노력이 중요하다.

③ 기본 방식에서 일부러 벗어나자. 다른 사람이 특별한 생각 없이 하는 그 방식에서 일부러 다르게 하는 것이다. "새로운 일처리 방식"을 찾을 수만 있다면 작업 효율성이 높아진다.

④ 가장 거리가 먼 것과 연결하자. 나의 아이디어와 가장 연관성이 떨어지는 분야(대상)과 억지로 이어보려고 하는 노력도 가끔은 나쁘지 않다. 처음부터 체계적이고 합리적으로 만들어진 결과물도 있지만 전혀 의외의 것에서 실마리가 보일 수도 있다.

⑤ 기존 사고방식에서 틀린 것을 애써서 찾아보자. 구체적인 하나의 대상을 두고 틀리거나 잘못된 점을 한 가지라도 발견하는 것이다. 내가 싫어하는 사람의 단점을 찾을 때처럼 사물이나 제품의 단점을 하나라도 지적하다보면 그것을 보완하려고 새롭게 머리를 쓴다.

⑥ 제품이나 서비스를 재정의 하자. "원래 여기에 쓰는 제품이 아닌데, 서비스 목적에서 벗어났는데"라는 반응이 있을 정도로 개념을 다시 세워보는 것이다. 원래 사용 용도가 정해진 휴대전화 어플리케이션을 다른 목적에 활용하는 것과 비슷한 이치다.

⑦ 원래 있던 것을 쪼개자. 하나의 완제품이나 서비스를 쪼개서 생각하는 방식이다. 오히려 전체보다 일부분이 더 필요할 수도 있다.

덧붙여서 쉽게 아이디어를 얻는 다른 방법도 있다. "광고 방식을 달리해보기", "재료를 절약해서 생각하기", "시간을 절약하는 방향으로 고치기", "대인관계를 더 좋게 하는 방법으로 바꾸기", "포장을 더 멋있고 예쁘게 해보기", "육하원칙 활용 방법", "축소, 분해, 변형하는 방법"까지 다양한 기준을 적용하면서 아이디어 구상을 할 수 있다(한광식, 2017 : 104-106).

기존 사고방식에서 벗어나는 "방법"이라고 표현하기는 애매하지만 바쁜 삶에서 의외로 하고 싶어도 못 하는 방법은 아래와 같다(박종하, 2016).

① 편안하게 이야기하기
편안한 분위기에서 이야기를 나누면서 아이디어를 찾는 것은 방법이라고 말할 수도 없다. 그런데 편안한 분위기에서 대화할 만큼 삶의 여유가 없는 경우가 많다. 이야기를 하면서 나의 생각과 다른 사람의 생각을 잇는다. 반대로 다른 사람도 나의 이야기를 듣고 생각을 정리 또는 확장할 수 있다. 다만, 대화하는 사람이 특정 주제에 대해서 관심, 지식, 경험이 풍부해야만 "수준"을 맞출 수 있다.

② 언론 보도에서 단서 찾기
창의력은 백지장에서 시작하기보다 다른 사람을 따라하는 것이 더 많다. 가장 쉬운 방법이면서도 잘 안 되기도 한다. 그렇지만 다른 사람의 아이디어의 영향을 분명히 받는다. 그런데 특정한 사람보다 언론 보도에서 아이디어의 단서를 찾는 편이 더 효율적이다. 나와 비슷한 입장인 사람이 언론에서 나타날 수 있고 그러한 사람의 인터뷰 등이 길게 소개된다면 더욱 좋다. 길게 소개된 내용은 신

문보다 "월간지" 읽기를 추천한다. 월간지는 특정 주제만 다루는 잡지부터 최신 인물 동향을 소개하는 것까지 다양하며 전자저널로 볼 수 있다.

③ 단순하게 결합하기

간편하게 아이디어를 확장하는 방법은 결합(합체)하는 것이다. 기존에 있던 것을 그대로 연결하는 것인데 다소 엉뚱하거나 전혀 연관성이 없는 경우에도 포함한다. 머릿속에 구상과 실제 결합했을 때 보이는 모습이 다를 수도 있고 운이 좋을 때는 멋있는 신제품으로 발전할 수 있는 단서가 되기도 한다. 컴퓨터 그래픽을 잘 사용하는 사람이라면 작업을 더 효율적으로 할 수 있다.

④ 버리는(또는 버려지는 것)에 관심가지기

요즘 사람들은 새 것이 나오면 옛 것을 쓸 수 있는데도 버리는 경우가 흔하다. 유행이 지나면 즉시 물건을 바꾸는 일도 많은데 이렇게 버리는(버려지는) 것을 유심히 관찰하다보면 새로운 아이디어가 있을 수도 있다. 눈에 안 보이는 것까지 포함하면 관심을 가질 대상이 훨씬 늘어난다. 만약 동네에 고물상이 있으면 주의 깊게 살펴보거나 "벼룩시장" 또는 "전통시장(옛 물건을 파는 곳)"을 방문하기를 권유한다.

⑤ 뺄 것을 고민하기

창의력을 발휘한다는 의미를 보통 없는 것을 있는 것으로 만드는 행위라고 생각한다. 반대로 기존에 있는 물건에서 특정한 부분을 빼려고 고민하는 노력도 창의력이다. 특정 부분을 빼면 단순한 제품이 되므로 경제성이 높아지기도 한다.

한 제품에 복잡한 기능을 많이 넣어도 자주 사용하는 기능은 10가지 내외다. 복잡하다고 고급스럽거나 정교한 것만은 아니다. 복잡하면 오히려 소비자의 혼란과 짜증을 유도한다.

⑥ 안 보이는 것을 보이게 하기

일반적으로 포장하는데 익숙한 사람은 속속들이 보이는 모습을 좋아하지 않는다. 그런데 안 보이던 것을 보여주면 이목을 사로잡는 일도 있다. 정밀 기계 제품의 내부를 살펴보면 신기함을 느낄 때와 비슷하다. 보이도록 하는 노력은 예술 영역과 이어지기 때문에 제품을 분해해서 아름다움과 연결하려는 노력도 할 수 있다.

⑦ 사용 횟수를 바꿔보기

사용 횟수는 제품 수명과 직결된다. 오래 쓸 수 있는 것을 한 번 쓰는 것으로 바꾸거나 한 번 쓰는 제품을 영구적으로 사용하는 형태로 달리 생각하는 것이다. 한 번 쓰고 버리는 종이컵을 오래 사용할 수 있는 무언가로 대체(텀블러 등) 제작하는 형태를 예로 들 수 있다(물론 지금 잘 사용하고 있다). 우리가 일상에서 쓰는 일회용품은 정말 1회만 쓰는 게 아니라 몇 번 사용해도 무방하다.

⑧ 특정 단어에 집중하기

요즘처럼 너무 많은 정보가 넘치는 세상에서 특정한 단어에 집중해서 생각할 기회도 의외로 없다. 어떤 단어를 생각하는지에 따라 제품이나 서비스 전체 구상에 영향을 받는다. 이는 광고 문구를 만들 때 주로 사용하는 방식이다. 대형

서점이나 인터넷에서 제목만 유심히 보는 방법을 추천한다. 제목만 계속 보면 바꾸고 싶은 내용이 떠오른다.

⑨ 본질과 주변을 바꾸기

핵심에 집중하라는 말은 어릴 적부터 많이 들어왔다. 어떤 제품이나 서비스에서 본질(핵심)과 이를 에워싸는 주변을 바꿔서 생각해보는 형태다. 본질과 주변을 서로 바꾸면 관심을 아예 가지고 있지 않았던 부분이 눈에 들어온다. 예를 들어, 주요 기능과 부가 기능을 교체하는 형태다. 바꾼다는 뜻은 단순히 위치만을 의미하지는 않고 기능의 비중을 말한다.

⑩ 불만스러움을 찾아보기

앞으로도 마찬가지겠지만 사람들은 어떤 제품이나 서비스에 많은 불만을 표시한다. 그러한 불만을 꼼꼼하게 파악해서 고칠 수 있으면 많은 사람들로부터 환영받는다. 사람이 불만족을 만족으로 바꾼다는데 반대할 사람은 없다. 요새 말로 "지적질"인데 일부러 불만스러운 면을 찾으려고 골똘히 고민해야 한다.

⑪ 기준 바꾸기

이미 정해진 기준이나 표준에 따라 살아가는 경우가 흔하다. 이러한 기준에서 벗어나 생각하고 무언가를 만들 수 있으면 이른바 시각의 전환이 이루어진다. 그 기준은 반드시 넓고 크게 작용하는 것이 아니어도 괜찮다. 작은 기준에서 벗어나 생각하더라도 크게 바꿀 수 있다. 어쩌면 표준이나 기준 자체가 잘못 만들어진 것일 때도 있다.

⑫ 같은 아이디어를 다른 곳에 적용하기

엄청난 아이디어만 있는 것이 아니므로 누구나 생각해 봤을 만한 것을 제품으로 만드는 일이 더 중요할 수 있다. "막상 제품으로 보니까 별 것 아니네?"라는 생각을 해본 적이 있을 텐데 그 별 것 아닌 생각을 실제 결과물로 만든 것이 대단하다는 의미다. 이미 잘 활용되고 있는 아이디어를 전혀 예상하지 못한 곳에 적용하려는 노력도 창의력을 실용화하는데 기여한다. 이렇게 하려면 나의 관심사만이 아니라 다른 사람의 관심사도 가끔 귀 기울여야 한다.

⑬ 패러디하기

어릴 적부터 종종 해봤던 행동인데 "책 제목"을 바꾸거나 "노래 가사"를 달리해서 부르는 모습이 바로 패러디에 해당한다. 기존 것을 살짝만 바꿔서 새로운 무언가를 만드는 패러디는 어느 정도 익숙함을 전제로 하기 때문에 금방 친숙해진다는 장점이 있다. 광고문구, 표어, 유머를 만들 때 잘 활용할 수 있다.

⑭ 최초를 생각하기

"대한민국 1호", "최초의 OOO"라는 명칭을 일상에서 종종 들을 수 있다. 내가 만든 제품이나 서비스가 과연 대한민국, 세계 최초가 될 수 있을지를 생각해 보면 아이디어 구상에 열정을 더 할 수 있다. 좋은 성적으로 최고가 되는 일도 중요한데 최초가 되는 일도 충분히 가치 있는 일이다. "최초"라는 자체가 브랜드 파워로 이어지고 마케팅이 되는 일은 흔하다.

⑮ 내가 좋아하고 잘 하는 것을 찾아보기

· Chapter 03 창의력 ·

창의력을 가장 잘 발휘할 때는 바로 내가 좋아하고 잘 하는 것을 찾아서 실행할 때다. 그런데 그것이 무엇인지 잘 모르고 살아가는 사람들이 더 많다. 독특하고 특이한 것을 만드는 가장 중요한 조건은 자신의 장기, 취향, 성향을 알고 그것을 실현하는데 있다.

> **Power Tip**
>
> 창의력을 공부하기 전에 (다른 사람도 그렇게 생각할 정도로) 내가 정말 싫어하고 너무 못하는 것이 무엇인지 빨리 아는 것이 더 나은 삶으로 가는 지름길이다. 잘 하고 좋아하는 것을 찾기보다 그 반대를 찾아서 아예 안 하는 편이 낫다. 그래야 실패할 여지를 줄일 수 있다.

2. 아이디어 발견 방법

자신의 아이디어와 타인의 아이디어에 세부적인 것을 더하면서 정교하게 만들어야 더 질 높은 결과물을 만들 수 있다. 이렇게 아이디어를 정교하게 다듬는 방법으로 스캠퍼(SCAMPER) 이론을 비롯해 다양한 방법을 쓸 수 있다.

① 스캠퍼

대체(substitute), 조합(combine), 개조(adapt), 확대 또는 수정(magnify or modify), 다른 용도로 사용(put to other uses), 제거(eliminate), 재배열 또는 뒤집기(rearrange or reverse)로 정리할 수 있다(오세덕 · 이명재 · 강제상 · 임영제, 2018).

② 브레인스토밍

이미 많은 사람이 익히 알고 있는 창의력 증진 방법이다. 누구라도 어디서든지 간단하게 사용할 수 있다는 점에서 각광받고 있다. 생각을 쉽게 하는 방법으로 아이디어가 순진하고 설익을수록 좋다. 아이디어가 많이 나오면 그것을 모두 기록하고 그 가운데 번뜩이거나 가능성 있어 보이는 생각이 나타나면 그에 대해서 자연스럽게 집중적으로 이야기하는 흐름으로 이어진다. 몇 명이 모여서 모두 자유롭게 의견을 말하다가 일반적으로 생각하기 어려운 독창적인 아이디어가 나타난다면 브레인스토밍이 원래 추구하는 목적을 달성한 것이다.

사업기획서 작성 또는 기획 초기 단계에서 여러 명이 브레인스토밍을 할 때는 질문은 간결하게 하고 답변이 구체적이면 더 얻는 것이 있다. 이 때 어떤 내용이라도 그것을 비판 또는 비난하면 안 된다. 오히려 뜬금없는 말을 하는 사람에게 격려하는 자세가 필요하다. 그러면 최대한 많은 아이디어를 수집할 수 있다. 아이디어는 때와 장소를 가리지 않기 때문에 술을 마실 때나 잠자기 전후 등과 같이 깊이 관심을 두고 있으면 항시 나타날 수 있다는 점을 명심해야 한다.

③ 브레인라이팅

브레인라이팅은 생각과 말로 끝나는 것이 아니라 떠오르는 즉시 적는다는데 특징이 있다. 말주변이 없는데 글쓰기를 잘 하거나 그림(웹툰, 카드 뉴스 등) 표현력이 뛰어난 사람, 내 생각을 단순히 정리하는데도 활용할 수 있다. 브레인스토밍과 마찬가지로 여러 사람이 모여서 아이디어를 각자 적고 그것을 옆 사람이 돌려가면서 덧붙이는 방식이다. 이때도 마찬가지로 비판이나 비난이 아닌 "잘 되는 쪽으로" 적으면 모두에게 유리하다. 따로 기록할 필요가 없고 모아서 잘 정리하면 아이디어를 보관하는데 유리하다. 다만, 글을 적는데 익숙하지 못한 사람은 적합하지 않은 방법이다(윤영돈, 2017).

④ 마인드맵

마인드맵은 생각을 지도처럼 이미지로 그리는 기법이다. 핵심 단어, 주제를 중앙에 그리고 그것을 기준으로 떠오르는 생각을 펼친다. 핵심에서 점차 부수적 개념으로 옮겨가는 형태이므로 주제에서 크게 벗어나지 않는다. 그렇지만 강조할 것은 강조해야 하고 계속 연상해서 그릴 때 그 관계를 분명히 해야 한다. 특히, 실제로 마인드맵을 그리다보면 상당한 양의 종이를 쓰고 버려야 하는 경우도 생긴다. 요즘 컴퓨터나 태블릿으로 그리는 프로그램도 있지만 한 번에 만족할만한 마인드맵을 완성하기는 힘들다. 사업기획서를 누군가에게 발표할 때 많은 문장보다 하나의 마인드맵이 효과적이다. 그렇지만 마인드맵을 정교하게 구성할수록 자유로움보다 매우 논리적이고 체계화해야 한다는 단점 아닌 단점도 있다.

⑤ 박스 라이팅(Box Writing)

박스 라이팅이라는 방법도 있다. 생각나는 아이디어를 목록으로 만들고 주제를 찾아서 초점을 맞춘다. 그 다음에 비슷한 것을 찾아서 유형화하고 이야기를 만드는 과정이다. 생각나는 대로 목록을 적어보고 그렇게 적은 생각을 좁히는 과정을 거친다. 다시 말해서, 어느 정도 범위를 넓혔다면 가장 핵심적인 내용을 골라서 범위를 좁힌 다. 이렇게 고를 때 주의할 점은 좋은 생각을 고르는 것이 아니라 쓸데없는 생각을 버리는 작업이다. "하지 말아야 할 일"을 버린 다음 나머지 것을 묶는다(유형화). 그 다음 이야기 줄거리를 만든다. 그 줄거리는 사업기획서 작성에도 활용할 수 있고 누군가에게 제품이나 서비스를 설명할 때도 필요하다(윤영돈, 2017 ; 139-146).

⑥ 트리즈(TRIZ)
아이디어를 얻는 고전적이면서 실용적인 방법으로는 트리즈(TRIZ)가 있다. 1940년대 소련의 과학자 알츠슐러(Altshuller)가 창의적 발명 원리를 정리한 내용으로 창의적 문제 해결은 모순을 제거하는 것이라고 했다. 그 발명 원리에서 몇 가지를 소개하면 아래와 같다.

> 필요한 것만 뽑아라.
> 비대칭으로 하라.
> 여러 작업을 한꺼번에 해라.
> 하나의 물건을 여러 용도로 사용해라.
> 짝짓기(쌍으로 만들기)하라.
> 무게를 줄여라.
> 반대로 하라.
> 직선을 곡선으로 바꾸어라.
> 다른 각도에서 보라.
> 진동을 이용하라.
> 직접 하지 말고 매개체를 이용하라.
>
> ※ 문장만으로 설명하기 어렵거나 기술적 측면이 들어간 내용은 쓰지 않았음.

⑦ PMI 기법
PMI(Plus, Minus, Interesting)는 장점, 단점, 흥미로운 점을 차례로 최대한

• Chapter 03 창의력 •

많이 생각하는 방법이다. 이로서 편견과 사고의 경직성을 극복하는데 도움이 된다. 3가지에 대해서 답한 것을 재검토하면서 긍정 또는 부정으로 너무 치우치지 않았는지 고민해본다. 무척 간단하지만 나의 생각이 편향되어 있다는 사실을 알 수도 있고 생각을 고르게 표현할 수 있다는 장점이 있다.

이밖에도 아이디어 발견 방법은 더 많으며 창의력을 증진하는 차원에서 많은 사람들이 교육하거나 받고 있다. 창의력의 결정체는 아이디어 발견이며 그것은 짧은 시간에 얻을 수도 있지만 매우 오래 걸리거나 아예 떠오르지 않는 안타까운 경우도 있다. 또한 논리적, 체계적, 합리적으로 아이디어를 얻기도 하지만 "우연", "어쩌다보니", "실수로" 아이디어를 얻는 일도 적지 않다. 어떤 방식이라도 평소에 꾸준한 관심과 노력이 뒷받침되어야 하며 창의력이 없다고 생각하지 말고 나타날 수 있다고 믿는 편이 낫다.

> **Power Tip**
>
> 아이디어를 찾는 방법은 많지만 그것을 막상 실행하기는 어려운 점이 있다. 이 때 필요한 사람이 "퍼실리테이터(촉진자)"다. 촉진자의 역할은 회의, 모임 등에서 아이디어가 잘 나타날 수 있도록 그 진행을 돕는다. 촉진자의 경험이 풍부하고 어느 정도 주제를 알고 있으면 좋은 결과를 얻을 수 있다.

Memo

제4장
창업 지식

"한 가지에 대해서 다 알기보다는 모든 것에 대해서 조금 아는 것이 더 낫다."
- 파스칼(예술가)

■ 들어가기

창업 지식은 당장 쓰지 않아도 알아두면 유용하다. 기초 법률은 기본법을 비롯해 기업, 지식재산권, 고용, 윤리에 관한 법률의 목적과 용어를 중심으로 학습한다. 예전부터 변하지 않는 주요 내용과 최근 쟁점이 되는 법률까지 광범위하다.

세무 상식은 창업한 사람이 가장 실제적인 지식이다. 기초 용어를 이해하고 사업자등록과 창업하는데 절세할 수 있는 내용을 알아보도록 한다. 사업을 승계하고 성실 납세의 유용성을 살펴볼 수 있다.

노무 관리는 창업 직후 구성원과 관계에서 시작한다. 4대 보험의 기본적인 내용과 근로자에게 지원할 수 있는 다양한 지식을 아는 것은 창업가 입장에서도 해로울 것이 없다. 이 부분은 궁극적으로 창업한 사람과 종사자 모두에게 이로운 지식이다.

■ 생각해보기

1. 아르바이트에 관한 법률 지식으로 어떤 것이 떠오르는가?
2. 자신이 들었던 세무 관련 상식이 무엇인지 말할 수 있는가?
3. 4대 보험에 대해서 관심을 기울여 살펴본 적이 있는가?
4. 지금까지 생활하면서 몰라서 답답했던 경험이 있었는가?
5. 창업, 세무, 노무 이외에 창업 지식으로 알아두면 좋은 것이 있는가?

제4장

창업지식

창업에서 지식은 미리 알아두면 무조건 유리하다. 법률, 세무, 문서, 노무는 사업자뿐만 아니라 특정한 혜택을 받고 싶은 사람이나 받으려고 준비하는 사람에게도 중요하다. 창업을 하지 않을 사람이라도 "개념, 용어, 단어" 뜻만 알아도 충분히 상식 있는 사람으로 인정받는다. 어쩌면 창업보다 근로자로 근무할 가능성이 높은 청년에게는 아래 내용을 한번쯤 눈여겨보면 좋다.

> **Power Tip**
>
> 법률, 세무, 노무 영역은 원래 영역별 전문가가 많고 그 영역 안에서도 특정 전문가가 계속 생겨나는 상태다. 막연히 전문가에게 의뢰하면 편하기도 하지만 서로 대화할 때 내가 어느 정도 알아들어야 일처리가 처리가 쉽고 오해를 사전에 막을 수 있다. 거의 변하지 않을 기초 지식과 항시 변할 수 있는 내용을 주기적으로 한 번씩 눈여겨 보면 언젠가는 사용한다.

• Chapter 04 창업지식 •

제1절 기초 법률

1. 기본법 : 민법·상법

민법과 상법은 창업만이 아니라 모든 민사와 상사 관계에 적용된다는 점에서 알아두어야 한다.

① 민법
민법에서 창업에 관해 알아둘 조항을 아래와 같이 간추릴 수 있다.

신의성실(제2조) 원칙에 따라 권리의 행사와 의무의 이행은 신의에 좇아 성실히 하여야 한다. 그 권리는 남용하지 못한다. 결국 서로 믿음을 가지고 성실하게 하라는 의미다.

성년은 19세(제4조), 미성년자가 법률행위를 함에는 법정대리인의 동의를 얻어야 한다. 그러나 권리만을 얻거나 의무만을 면하는 행위는 그러하지 아니하다. 전항의 규정에 위반한 행위는 취소할 수 있다(제5조). "미성년자"가 아르바이트 하는 경우가 워낙 흔하기에 참고할 사항이다.

비영리법인의 설립과 허가에서 학술, 종교, 자선, 기예, 사교 기타 영리 아닌 사업을 목적으로 하는 사단 또는 재단은 주무관청의 허가를 얻어 이를 법인으로 할 수 있다(제32조). 또한 영리법인은 영리를 목적으로 하는 사단은 상사회사 설립의 조건에 좇아 이를 법인으로 할 수 있다(제39조). "법인" 형태로 창업하는 사람이 많아 알아두면 좋다.

　　반사회질서와 불공정은 개인(자연인)만이 아니라 "회사(법인)"에도 해당되므로 주의해야 한다.

> 제103조(반사회질서의 법률행위) 선량한 풍속 기타 사회질서에 위반한 사항을 내용으로 하는 법률행위는 무효로 한다.
> 제104조(불공정한 법률행위) 당사자의 궁박, 경솔 또는 무경험으로 인하여 현저하게 공정을 잃은 법률행위는 무효로 한다.

　　전세권의 내용에서 전세권자는 전세금을 지급하고 타인의 부동산을 점유하여 그 부동산의 용도에 좇아 사용·수익하며, 그 부동산 전부에 대하여 후순위권리자 기타 채권자보다 전세금의 우선변제를 받을 권리가 있다(제303조). 임대차는 당사자 일방이 상대방에게 목적물을 사용, 수익하게 할 것을 약정하고 상대방이 이에 대하여 차임을 지급할 것을 약정함으로써 그 효력이 생긴다(제618조). 전세와 임대차는 창업 장소 등을 마련할 때 알아두어야 하므로 자세한 사항은 "임대차보호법" 등을 반드시 참고하기 바란다.

　　계약 성립은 청약자의 의사표시나 관습에 의하여 승낙의 통지가 필요하지 아니한 경우에는 계약은 승낙의 의사표시로 인정되는 사실이 있는 때에 성립한다(제532조). 계약 또는 법률의 규정에 의하여 당사자의 일방이나 쌍방이 해지 또는 해제의 권리가 있는 때에는 그 해지 또는 해제는 상대방에 대한 의사표시로 한다(제543조). "사겠다!", "하겠다!", "서면 계약" 등의 의사표시가 대표적이며 그 반대도 마찬가지다.

· Chapter 04 창업지식 ·

매매는 당사자 일방이 재산권을 상대방에게 이전할 것을 약정하고 상대방이 그 대금을 지급할 것을 약정함으로써 그 효력이 생긴다(제563조). 물건을 주고 돈을 받을 때 모습을 생각하면 된다.

민법에서 창업과 직결되는 내용으로는 "(종업원) 고용"이 있다.

> 제655조(고용의 의의)
> 고용은 당사자 일방이 상대방에 대하여 노무를 제공할 것을 약정하고 상대방이 이에 대하여 보수를 지급할 것을 약정함으로써 그 효력이 생긴다.
>
> 제656조(보수액과 그 지급시기)
> ① 보수 또는 보수액의 약정이 없는 때에는 관습에 의하여 지급하여야 한다.
> ② 보수는 약정한 시기에 지급하여야 하며 시기의 약정이 없으면 관습에 의하고 관습이 없으면 약정한 노무를 종료한 후 지체없이 지급하여야 한다.
>
> 제657조(권리의무의 전속성)
> ① 사용자는 노무자의 동의없이 그 권리를 제삼자에게 양도하지 못한다.
> ② 노무자는 사용자의 동의없이 제삼자로 하여금 자기에 갈음하여 노무를 제공하게 하지 못한다.
> ③ 당사자 일방이 전2항의 규정에 위반한 때에는 상대방은 계약을 해지할 수 있다.
>
> 제658조(노무의 내용과 해지권)
> ① 사용자가 노무자에 대하여 약정하지 아니한 노무의 제공을 요구한 때에는 노무자는 계약을 해지할 수 있다.
> ② 약정한 노무가 특수한 기능을 요하는 경우에 노무자가 그 기능이 없는 때에는 사용자는 계약을 해지할 수 있다.

일하고 돈을 받는 것, 급여 지급, 서로 약속한대로 주어진 일하기, 약속되지 않은 것을 요구할 때 하지 않을 수 있고, 사용자가 노무자에게 무언가를 요구했는데 하지 못하면 계약을 해지할 수 있다는 의미다. 자세히 생각해보면 일상에서 이미 경험하고 있는 내용이다.

조합은 2인 이상이 상호출자하여 공동사업을 경영할 것을 약정함으로써 그 효력이 생긴다. 전항의 출자는 금전 기타 재산 또는 노무로 할 수 있다(제703조). 조합은 여러 가지 형태가 있지만 이 조항을 근거로 한다.

민법에서 가장 널리 사용되는 조항으로는 아래의 두 가지가 있다. 창업에 관해서 가끔 발생할 수 있는 시비가 바로 부당이득과 불법행위니 알아두면 유용하다.

> 제741조(부당이득의 내용)
> 법률상 원인없이 타인의 재산 또는 노무로 인하여 이익을 얻고 이로 인하여 타인에게 손해를 가한 자는 그 이익을 반환하여야 한다.
>
> 제750조(불법행위의 내용)
> 고의 또는 과실로 인한 위법행위로 타인에게 손해를 가한 자는 그 손해를 배상할 책임이 있다.

② 상법

상법은 회사법으로 "주식회사"를 비롯해 내용이 광범위하다. 자기명의로 상행위를 하는 자를 상인이라 한다(제4조). 상인은 그 성명 기타의 명칭으로 상호를 정할 수 있다(제18조). 동일한 영업에는 단일상호를 사용하여야 한다. 지점의 상호에는 본점과의 종속관계를 표시하여야 한다(제21조). 누구든지 부정한 목적으로 타인의 영업으로 오인할 수 있는 상호를 사용하지 못한다(제23조). 일상에서 쉽게 볼 수 있는 수많은 상행위 가운데 대표적인 조항은 아래와 같다.

> "공중접객업"에서 극장, 여관, 음식점, 그 밖의 공중이 이용하는 시설에 의한 거래를 영업으로 하는 자를 공중접객업자(公衆接客業者)라 한다(제151조).
> "가맹업"은 자신의 상호·상표 등을 제공하는 것을 영업으로 하는 자로부터 그의 상호등을 사용할 것을 허락받아 가맹업자가 지정하는 품질기준이나 영업방식에 따라 영업을 하는 자를 가맹상(加盟商)이라 한다(제168조의6).

상인은 영업상의 재산 및 손익의 상황을 명백히 하기 위하여 회계장부 및 대차대조표를 작성하여야 한다. 상업 장부의 작성에 관하여 이 법에 규정한 것을 제외하고는 일반적으로 공정·타당한 회계 관행에 의한다(제29조). 장부 작성은 세무 회계의 핵심이며 가장 전문성이 필요한 부분이다.

앞으로 창업할 때 "주식회사"로 확장할 가능성이 있으므로 가장 기본적인 사항만 점검하도록 한다. 주식회사를 설립함에는 발기인이 정관을 작성하여야 한다(제288조). 발기인은 정관을 작성하여 다음의 사항을 적고 각 발기인이 기명날인 또는 서명하여야 한다(제289조). 이 사항은 반드시 지켜야만 주식회사를 설립할 수 있다.

1. 목적
2. 상호
3. 회사가 발행할 주식의 총수
4. 액면주식을 발행하는 경우 1주의 금액
5. 회사의 설립 시에 발행하는 주식의 총수
6. 본점의 소재지
7. 회사가 공고를 하는 방법
8. 발기인의 성명·주민등록번호 및 주소

회사의 공고는 관보 또는 시사에 관한 사항을 게재하는 일간신문에 하여야 한다. 다만, 회사는 그 공고를 정관으로 정하는 바에 따라 전자적 방법으로 할 수 있다. 전자적 방법으로 공고할 경우 대통령령으로 정하는 기간까지 계속 공고하고, 재무제표를 전자적 방법으로 공고할 경우에는 정해진 기간까지 계속 공고하여야 한다. 다만, 공고기간 이후에도 누구나 그 내용을 열람할 수 있도록 하여야 한다. 회사가 전자적 방법으로 공고를 할 경우에는 게시 기간과 게시 내용에 대하여 증명하여야 한다. 주식 투자할 때 어디인지 알아야 할 수 있는 것처럼 법률에 정해진대로 완전히 공개되어야 한다.

2. 기업법 : 중소 · 벤처 · 창조 지원

① 중소기업기본법

중소기업이 나아갈 방향과 중소기업을 육성하기 위한 시책의 기본적인 사항을 규정하여 창의적이고 자주적인 중소기업의 성장을 지원하고 나아가 산업 구조를 고도화하고 국민경제를 균형 있게 발전시키는 것을 목적으로 한다(제1조).

중소기업자의 범위는 업종별로 매출액 또는 자산총액 등, 지분 소유나 출자 관계 등 소유와 경영의 실질적인 독립성이 대통령령으로 정하는 기준에 맞아야 한다. 「사회적기업 육성법」, 「협동조합 기본법」, 「중소기업협동조합법」에 해당되는 경우다. 중소기업은 대통령령으로 정하는 구분기준에 따라 소기업(小企業)과 중기업(中企業)으로 구분한다. 그런데 중소기업이 그 규모의 확대 등으로 중소기업에 해당하지 아니하게 된 경우 그 사유가 발생한 연도의 다음 연도부터 3년간은 중소기업으로 본다(제2조).

정부는 중소기업의 설립을 촉진하고 중소기업을 설립한 자가 그 기업을 성장·발전시킬 수 있도록 필요한 시책을 실시하여야 한다. 정부는 중소기업자나 창업을 준비하는 자가 건전한 기업가정신과 자긍심을 가질 수 있도록 필요한 시책을 실시하여야 한다(제5조).

② 중소기업창업 지원법

이 법은 중소기업의 설립을 촉진하고 성장 기반을 조성하여 중소기업의 건전한 발전을 통한 건실한 산업구조의 구축에 기여함을 목적으로 한다(제1조). 이 법에서 사용하는 용어의 뜻은 다음과 같다(제2조).

1. "창업"이란 중소기업을 새로 설립하는 것을 말한다. "재창업"이란 중소기업을 폐업하고 중소기업을 새로 설립하는 것을 말한다.
2. "창업자"란 중소기업을 창업하는 자와 중소기업을 창업하여 사업을 개시한 날부터 7년이 지나지 아니한 자를 말한다. "재창업자"란 중소기업을 재창업하는 자와 중소기업을 재창업하여 사업을 개시한 날부터 7년이 지나지 아니한 자를 말한다. "초기창업자"란 창업자 중에서 중소기업을 창업하여 사업을 개시한 날부터 3년이 지나지 아니한 자를 말한다.
3. "중소기업"이란 「중소기업기본법」 제2조에 따른 중소기업을 말한다.
4. "중소기업창업투자회사"란 창업자에게 투자하는 것을 주된 업무로 하는 회사로서 제10조에 따라 등록한 회사를 말한다. "창업기획자"(액셀러레이터)란 초기창업자 등의 선발 및 투자, 전문보육을 주된 업무로 하는 자로서 제19조의2에 따라 등록한 자를 말한다.
5. "중소기업창업투자조합"이란 창업자에게 투자하고 그 성과를 배분하는 것을 주된 목적으로 하는 조합으로서 제20조에 따라 등록한 조합을 말한다.
6. "중소기업상담회사"란 중소기업의 사업성 평가 등의 업무를 하는 회사로서 제31조에 따라 등록한 회사를 말한다.
7. "창업보육센터"란 창업의 성공 가능성을 높이기 위하여 창업자에게 시설·장소를 제공하고 경영·기술 분야에 대하여 지원하는 것을 주된 목적으로 하는 사업장을 말한다.

이 법은 창업에 관하여 적용한다. 다만, 금융 및 보험업, 부동산업 등은 적용하지 아니한다(제3조).

③ 1인 창조기업 육성에 관한 법률
이 법은 창의성과 전문성을 갖춘 국민의 1인 창조기업 설립을 촉진하고 그 성장기반을 조성하여 1인 창조기업을 육성함으로써 국민경제의 발전에 이바지함을 목적으로 한다(제1조). "1인 창조기업"이란 창의성과 전문성을 갖춘 1인 또는 5인 미만의 공동사업자로서 상시근로자 없이 사업을 영위하는 자(부동산업 등 대통령령으로 정하는 업종을 영위하는 자는 제외한다)를 말한다(제2조).

1인 창조기업 인정의 특례(제3조)에서 1인 창조기업이 규모 확대의 이유로 1인 창조기업에 해당하지 아니하게 된 경우, 그 사유가 발생한 연도의 다음 연도부터 3년간은 제2조에도 불구하고 1인 창조기업으로 본다.

④ 벤처기업육성에 관한 특별조치법
기존 기업의 벤처기업으로의 전환과 벤처기업의 창업을 촉진하여 우리 산업의 구조조정을 원활히 하고 경쟁력을 높이는 데에 기여하는 것을 목적으로 한다(제1조). 벤처기업 요건(제2조의2)은 중소기업기본법에 해당하면서 기업의 연간 연구개발비와 연간 총매출액에 대한 연구개발비의 합계가 차지하는 비율이 각각 대통령령으로 정하는 기준 이상, 대통령령으로 정하는 기관으로부터 사업성이 우수한 것으로 평가받은 기업을 말한다.

3. 지식재산권법 : 특허·디자인·실용신안·저작·보호

지식재산권은 상당히 광범위하면서도 이미 일상 어디서나 적용되고 있는 어려우면서도 쉽게 찾아볼 수 있는 영역이다.

① 특허법

특허법은 발명을 보호·장려하고 그 이용을 도모함으로써 기술의 발전을 촉진하여 산업발전에 이바지함을 목적으로 한다(제1조). 이 법에서 사용하는 용어의 뜻(제2조)은 "발명"이란 자연법칙을 이용한 기술적 사상의 창작으로서 고도(高度)한 것, "특허발명"이란 특허를 받은 발명을 말한다. "물건의 발명, 방법의 발명, 물건을 생산하는 방법의 발명"으로 미성년자·피한정후견인 또는 피성년후견인은 법정대리인에 의하지 아니하면 특허에 관한 출원·청구, 그 밖의 절차를 밟을 수 없다(제3조). 특허권의 존속기간(제88조)은 특허권을 설정등록한 날부터 특허출원일 후 20년이 되는 날까지로 한다. 제29조(특허요건), 제30조(공지 등이 되지 아니한 발명으로 보는 경우)에 해당되는 경우를 유심히 살펴야 하는데 아래 디자인보호법, 실용신안법, 저작권법에서 더 세분화해서 알아볼 수 있다.

② 디자인보호법

이 법은 디자인의 보호와 이용을 도모함으로써 디자인의 창작을 장려하여 산업발전에 이바지함을 목적으로 한다(제1조). 제2조(정의)에 따라 이 법에서 사용하는 용어의 뜻은 다음과 같다.

1. "디자인"이란 물품[물품의 부분(제42조는 제외한다) 및 글자체를 포함한다]의 형상·모양·색채 또는 이들을 결합한 것으로서 시각을 통하여 미감(美感)을 일으키게 하는 것을 말한다.
2. "글자체"란 기록이나 표시 또는 인쇄 등에 사용하기 위하여 공통적인 특징을 가진 형태로 만들어진 한 벌의 글자꼴(숫자, 문장부호 및 기호 등의 형태를 포함한다)을 말한다.
3. "등록디자인"이란 디자인등록을 받은 디자인을 말한다.
4. "디자인등록"이란 디자인심사등록 및 디자인일부심사등록을 말한다.
5. "디자인심사등록"이란 디자인등록출원이 디자인등록요건을 모두 갖추고 있는지를 심사하여 등록하는 것을 말한다.
6. "디자인일부심사등록"이란 디자인등록출원이 디자인등록요건 중 일부만을 갖추고 있는지를 심사하여 등록하는 것을 말한다.
7. "실시"란 디자인에 관한 물품을 생산·사용·양도·대여·수출 또는 수입하거나 그 물품을 양도 또는 대여하기 위하여 청약(양도나 대여를 위한 전시를 포함한다. 이하 같다)하는 행위를 말한다.

디자인등록을 받을 수 있는 사람(제3조)은 "디자인을 창작한 사람 또는 그 승계인"이며 이 법에서 정하는 바에 따라 디자인등록을 받을 수 있는 권리를 가진다. 다만, 특허청 또는 특허심판원 직원은 상속 또는 유증(遺贈)의 경우를 제외하고는 재직 중 디자인등록을 받을 수 없다. 2명 이상이 공동으로 디자인을 창작한 경우에는 디자인등록을 받을 수 있는 권리를 공유(共有)한다. 그렇지만 미성년자·피한정후견인 또는 피성년후견인은 법정대리인에 의하지 아니하면 디자인등록에 관한 출원·청구, 그 밖의 절차를 밟을 수 없다(제4조). 디자인권의 존속기간(제91조)은 설정등록한 날부터 발생하여 디자인등록출원일 후 20년이 되는 날까지 존속한다.

• Chapter 04 창업지식 •

디자인등록의 요건(제33조)과 디자인등록을 받을 수 없는 디자인(제34조)을 아래와 같이 살펴볼 수 있다.

디자인등록의 요건	디자인등록을 받을 수 없는 경우
1. 디자인등록출원 전에 국내 또는 국외에서 공지(公知)되었거나 공연(公然)히 실시된 디자인 2. 디자인등록출원 전에 국내 또는 국외에서 반포된 간행물에 게재되었거나 전기통신회선을 통하여 공중(公衆)이 이용할 수 있게 된 디자인 3. 제1호 또는 제2호에 해당하는 디자인과 유사한 디자인	디자인등록출원 전에 그 디자인이 속하는 분야에서 통상의 지식을 가진 사람이 다음 각 호의 어느 하나에 따라 쉽게 창작할 수 있는 디자인은 제33조 제1항에도 불구하고 디자인등록을 받을 수 없다. 1. 제1항제1호 · 제2호에 해당하는 디자인 또는 이들의 결합 2. 국내 또는 국외에서 널리 알려진 형상 · 모양 · 색채 또는 이들의 결합 디자인등록출원한 디자인이 그 출원을 한 후에 디자인공보에 게재된 다른 디자인등록출원서의 기재사항 및 출원서에 첨부된 도면 · 사진 또는 견본에 표현된 디자인의 일부와 동일하거나 유사한 경우에 그 디자인은 제1항에도 불구하고 디자인등록을 받을 수 없다. 1. 국기, 국장(國章), 군기(軍旗), 훈장, 포장, 기장(記章), 그 밖의 공공기관 등의 표장과 외국의 국기, 국장 또는 국제기관 등의 문자나 표지와 동일하거나 유사한 디자인 2. 디자인이 주는 의미나 내용 등이 일반인의 통상적인 도덕관념이나 선량한 풍속에 어긋나거나 공공질서를 해칠 우려가 있는 디자인 3. 타인의 업무와 관련된 물품과 혼동을 가져올 우려가 있는 디자인 4. 물품의 기능을 확보하는 데에 불가결한 형상만으로 된 디자인

③ 실용신안법

　이 법은 실용적인 고안을 보호·장려하고 그 이용을 도모함으로써 기술의 발전을 촉진하여 산업발전에 이바지함을 목적으로 한다(제1조). 이 법에서 사용하는 용어의 뜻(제2조)은 "고안"이란 자연법칙을 이용한 기술적 사상의 창작, "등록실용신안"은 실용신안등록을 받은 고안이다. "실시"란 고안에 관한 물품을 생산·사용·양도·대여 또는 수입하거나 그 물품의 양도 또는 대여의 청약을 하는 행위다. 실용신안권의 존속기간(제22조)은 실용신안권을 설정등록한 날부터 실용신안등록출원일 후 10년이 되는 날까지로 한다.

　실용신안등록의 요건(제4조)는 산업상 이용할 수 있는 물품의 형상·구조 또는 조합에 관한 고안으로서 다음 각 호의 어느 하나에 해당하는 것을 "제외"하고는 그 고안에 대하여 실용신안등록을 받을 수 있다. 또한 국기 또는 훈장과 동일하거나 유사한 고안, 공공의 질서 또는 선량한 풍속에 어긋나거나 공중의 위생을 해칠 우려가 있는 고안은 제외된다. 그 밖에 등록 받을 수 없는 부분은 아래와 같다.

> 1. 실용신안등록출원 전에 국내 또는 국외에서 공지(公知)되었거나 공연(公然)히 실시된 고안
> 2. 실용신안등록출원 전에 국내 또는 국외에서 반포된 간행물에 게재되었거나 전기통신회선을 통하여 공중(公衆)이 이용할 수 있는 고안
> ① 실용신안등록출원 전에 그 고안이 속하는 기술 분야에서 통상의 지식을 가진 사람이 극히 쉽게 고안할 수 있으면 그 고안에 대해서는 실용신안등록을 받을 수 없다.
> ② 실용신안등록출원한 고안이 다음 각 호의 요건을 모두 갖춘 다른 실용신안등록출원의 출원서에 최초로 첨부된 명세서 또는 도면에 기재된 고안과 동일한 경우에실용신안등록을 받을 수 없다.
> ③ 실용신안등록출원한 고안이 다음 각 호의 요건을 모두 갖춘 특허출원의 출원서에 최초로 첨부된 명세서 또는 도면에 기재된 발명과 동일한 경우에 그 고안은 제1항에도 불구하고 실용신안등록을 받을 수 없다.

④ 저작권

이 법은 저작자의 권리와 이에 인접하는 권리를 보호하고 저작물의 공정한 이용을 도모함으로써 문화 및 관련 산업의 향상발전에 이바지함을 목적으로 한다(제1조). "저작물"은 인간의 사상 또는 감정을 표현한 창작물, "저작자"는 저작물을 창작한 자를 말한다. 보호기간의 원칙(제39조)에서 저작재산권은 특별한 규정이 있는 경우를 제외하고는 저작자가 생존하는 동안과 사망한 후 70년간 존속한다.

공동저작물의 저작재산권은 맨 마지막으로 사망한 저작자가 사망한 후 70년간 존속한다. 무명 또는 이명 저작물의 보호기간(제40조)에 따라 무명 또는 널리 알려지지 아니한 이명이 표시된 저작물의 저작재산권은 공표된 때부터 70년

간 존속한다. 다만, 이 기간 내에 저작자가 사망한지 70년이 지났다고 인정할만한 정당한 사유가 발생한 경우에는 그 저작재산권은 저작자가 사망한 후 70년이 지났다고 인정되는 때에 소멸한 것으로 본다. 이 법에서 사용하는 용어는 많은 편이다(제2조).

> "공연"은 저작물 또는 실연·음반·방송을 상연·연주·가창·구연·낭독·상영·재생 그 밖의 방법으로 공중에게 공개하는 것을 말하며, 동일인의 점유에 속하는 연결된 장소 안에서 이루어지는 송신(전송을 제외한다)을 포함한다.
> "실연자"는 저작물을 연기·무용·연주·가창·구연·낭독 그 밖의 예능적 방법으로 표현하거나 저작물이 아닌 것을 이와 유사한 방법으로 표현하는 실연을 하는 자를 말하며, 실연을 지휘, 연출 또는 감독하는 자를 포함한다.
> "음반"은 음(음성·음향)이 유형물에 고정된 것(음을 디지털화한 것을 포함한다)을 말한다. 다만, 음이 영상과 함께 고정된 것을 제외한다.
> "음반제작자"는 음반을 최초로 제작하는 데 있어 전체적으로 기획하고 책임을 지는 자를 말한다.
> "전송(傳送)"은 공중송신 중 공중의 구성원이 개별적으로 선택한 시간과 장소에서 접근할 수 있도록 저작물 등 이용에 제공하는 것을 말하며, 그에 따라 이루어지는 송신을 포함한다.
> "영상저작물"은 연속적인 영상(음의 수반여부는 가리지 아니한다)이 수록된 창작물로서 그 영상을 기계 또는 전자장치에 의하여 재생하여 볼 수 있거나 보고 들을 수 있는 것을 말한다.
> "응용미술저작물"은 물품에 동일한 형상으로 복제될 수 있는 미술저작물로서 그 이용된 물품과 구분되어 독자성을 인정할 수 있는 것을 말하며, 디자인 등을 포함한다.
>
> "컴퓨터프로그램저작물"은 특정한 결과를 얻기 위하여 컴퓨터 등 정보처리능력을 가진 장치 내에서 직접 또는 간접으로 사용되는 일련의 지시·명령으로 표현된 창작물을 말한다.
> "편집물"은 저작물이나 부호·문자·음·영상 그 밖의 형태의 자료(이하 "소재"라 한다)의

• Chapter 04 창업지식 •

> 집합물을 말하며, 데이터베이스를 포함한다. "편집저작물"은 편집물로서 그 소재의 선택·배열 또는 구성에 창작성이 있는 것을 말한다.
> "데이터베이스"는 소재를 체계적으로 배열 또는 구성한 편집물로서 개별적으로 그 소재에 접근하거나 그 소재를 검색할 수 있도록 한 것을 말한다.
> "공동저작물"은 2인 이상이 공동으로 창작한 저작물로서 각자의 이바지한 부분을 분리하여 이용할 수 없는 것을 말한다.
> "복제"는 인쇄·사진촬영·복사·녹음·녹화 그 밖의 방법으로 일시적 또는 영구적으로 유형물에 고정하거나 다시 제작하는 것을 말하며, 건축물의 경우에는 그 건축을 위한 모형 또는 설계도서에 따라 이를 시공하는 것을 포함한다.
> "배포"는 저작물등의 원본 또는 그 복제물을 공중에게 대가를 받거나 받지 아니하고 양도 또는 대여하는 것을 말한다.
> "발행"은 저작물 또는 음반을 공중의 수요를 충족시키기 위하여 복제·배포하는 것을 말한다.
> "공표"는 저작물을 공연, 공중송신 또는 전시 그 밖의 방법으로 공중에게 공개하는 경우와 저작물을 발행하는 경우를 말한다.

저작물의 예시(제4조)는 사실상 일상에 모든 것이라고 해도 과언이 아니다.

2차적저작물(제5조)은 원저작물을 번역·편곡·변형·각색·영상제작 그 밖의 방법으로 작성한 창작물은 독자적인 저작물로서 보호된다. 그것의 보호는 그 원저작물의 저작자의 권리에 영향을 미치지 아니한다. 편집저작물(제6조)도 독자적인 저작물로서 보호된다.

1. 소설 · 시 · 논문 · 강연 · 연설 · 각본 그 밖의 어문저작물
2. 음악저작물
3. 연극 및 무용 · 무언극 그 밖의 연극저작물
4. 회화 · 서예 · 조각 · 판화 · 공예 · 응용미술저작물 그 밖의 미술저작물
5. 건축물 · 건축을 위한 모형 및 설계도서 그 밖의 건축저작물
6. 사진저작물(이와 유사한 방법으로 제작된 것을 포함한다)
7. 영상저작물
8. 지도 · 도표 · 설계도 · 약도 · 모형 그 밖의 도형저작물
9. 컴퓨터프로그램저작물

그렇지만 보호받지 못하는 저작물(제7조)도 있다. "헌법 · 법률 · 조약 · 명령 · 조례 및 규칙", "국가 또는 지방자치단체의 고시 · 공고 · 훈령 그 밖에 이와 유사한 것", "법원의 판결 · 결정 · 명령 및 심판이나 행정심판절차 그 밖에 이와 유사한 절차에 의한 의결 · 결정 등", "국가 또는 지방자치단체가 작성한 것으로서 제1호 내지 제3호에 규정된 것의 편집물 또는 번역물", "사실의 전달에 불과한 시사보도"다.

⑤ 부정경쟁방지 및 영업비밀보호에 관한 법률

국내에 널리 알려진 타인의 상표 · 상호(商號) 등을 부정하게 사용하는 등의 부정경쟁행위와 타인의 영업 비밀을 침해하는 행위를 방지하여 건전한 거래질서를 유지함을 목적으로 한다. 여기서 "영업비밀"이란 공공연히 알려져 있지 아니하고 독립된 경제적 가치를 가지는 것으로서 합리적인 노력에 의하여 비밀로 유지된 생산방법, 판매방법, 그 밖에 영업활동에 유용한 기술상 또는 경영상의 정

보를 말한다(제1조). 대표적으로 인터넷 주소(도메인)을 들 수 있다. 도메인은 인터넷상의 숫자로 된 주소에 해당하는 숫자·문자·기호 또는 이들의 결합이다(제2조).

4. 고용법 : 임금·채용·복지·평등

① 최저임금법

근로자에 대하여 임금의 최저수준을 보장하여 근로자의 생활안정과 노동력의 질적 향상을 꾀함으로써 국민경제의 건전한 발전에 이바지하는 것을 목적으로 한다(제1조). 최저임금의 효력에서 사용자는 최저임금의 적용을 받는 근로자에게 최저임금액 이상의 임금을 지급해야 하고, 최저임금을 이유로 종전의 임금 수준을 낮추어서는 안 된다. 최저임금의 적용을 받는 근로자와 사용자 사이의 근로계약 중 최저임금액에 미치지 못하는 금액을 임금으로 정한 부분은 무효로 한다. 이 경우 무효로 된 부분은 이 법으로 정한 최저임금액과 동일한 임금을 지급하기로 한 것으로 본다(제6조).

② 채용절차의 공정화에 관한 법률

이 법의 목적(제1조)에서 이 법은 채용과정에서 구직자가 제출하는 채용서류의 반환 등 채용절차에서의 최소한의 공정성을 확보하기 위한 사항을 정함으로써 구직자의 부담을 줄이고 권익을 보호하는 것을 목적으로 한다. 제2조(정의)에서 사용하는 용어의 뜻은 다음과 같다(고용노동부, 2018).

> 1. "구인자"란 구직자를 채용하려는 자를 말한다.
> 2. "구직자"란 직업을 구하기 위하여 구인자의 채용광고에 응시하는 사람을 말한다.
> 3. "기초심사자료"란 구직자의 응시원서, 이력서 및 자기소개서를 말한다.
> 4. "입증자료"란 학위증명서, 경력증명서, 자격증명서 등 기초심사자료에 기재한 사항을 증명하는 일체의 자료를 말한다.
> 5. "심층심사자료"란 작품집, 연구실적물 등 구직자의 실력을 알아볼 수 있는 일체의 물건 및 자료를 말한다.
> 6. "채용서류"란 기초심사자료, 입증자료, 심층심사자료를 말한다.

제3조(적용범위)에서 이 법은 상시 30명 이상의 근로자를 사용하는 사업 또는 사업장의 채용절차에 적용한다. 다만, 국가 및 지방자치단체가 공무원을 채용하는 경우에는 적용하지 아니한다.

제4조(거짓 채용광고 등의 금지)에서 구인자는 채용을 가장하여 아이디어를 수집하거나 사업장을 홍보하기 위한 목적 등으로 거짓의 채용광고를 내서는 안 된다. 구인자는 정당한 사유 없이 채용광고의 내용을 구직자에게 불리하게 변경하여서는 안 된다. 구인자는 구직자를 채용한 후에 정당한 사유 없이 채용광고에서 제시한 근로조건을 구직자에게 불리하게 변경하여서는 아니 된다. 구인자는 구직자에게 채용서류 및 이와 관련한 저작권 등의 지식재산권을 자신에게 귀속하도록 강요하여서는 안 된다. 거짓광고와 허위과장광고는 구별된다.

허위과장광고는 부당한 표시·광고 행위 금지에 규정한 허위과장, 기만, 부당하게 비교, 비방하는 경우다. 따라서 구인업체에서 구인광고를 게재할 때는 신뢰할 수 있고 그 내용이 진실하여야 하며 허위 또는 과대한 표현으로 구직자를 현혹시켜서는 안 된다. 공중도덕상, 공중위생상 유해하거나 미풍양속을 해치거나 법률에 위반되어서는 안 된다. 구인목적이 아닌 다른 불순한 목적 즉 인신매매, 무허가 직업소개, 물품강매, 자금모금 등으로 구직자에게 피해를 초래하여서는 안 된다. 구인자의 업체명, 주소 및 전화번호 등이 반드시 명시되도록 하고 행정관청 인허가, 신고 등이 필요할 때는 인허가번호, 신고번호 등을 명기하도록 한다. 직업소개소의 광고는 반드시 소개소의 명칭, 주소, 전화번호 및 등록번호 등이 명기되도록 한다. 구인내용을 구체적이며 진실 되게 표시하여야 한다(모집 직종 및 인원, 응모자격, 채용방법, 고용형태, 임금 및 지급방법, 근무지 등). 특히, 구인자는 구직자에게 채용서류 및 이와 관련한 저작권 등의 지식재산권을 자신에게 귀속하도록 강요하면 안 된다.

③ 고용정책기본법
이 법 제7조(취업기회의 균등한 보장)에서 사업주는 근로자를 모집 채용할 때에 합리적인 이유 없이 성별, 신앙, 연령, 신체조건, 사회적 신분, 출신지역, 학력, 출신학교, 혼인, 임신 또는 병력(病歷) 등을 이유로 차별하면 안 되며 균등한 취업기회를 보장해야 한다.

④ 직업안정법
이 법 제2조(균등처우)에서 누구든지 성별, 연령, 종교, 신체적 조건, 사회적

신분 또는 혼인 여부 등을 이유로 직업소개 또는 직업지도를 받거나 고용관계를 결정할 때 차별대우를 받지 않는다. 제30조(국외 취업자의 모집)에서 누구든지 국외에 취업할 근로자를 모집한 경우에는 고용노동부 장관에게 신고해야 한다. 제32조(금품 등의 수령 금지)에서 근로자를 모집하려는 자와 그 모집업무에 종사하는 자는 어떠한 명목으로든 응모자로부터 그 모집과 관련하여 금품을 받거나 그 밖의 이익을 취하여서는 안 된다.

⑤ 남녀고용평등과 일 가정 양립 지원에 관한 법률

이 법 제7조(모집과 채용)에서 사업주는 근로자를 모집하거나 채용할 때 남녀를 차별하면 안 되며, 사업주는 여성 근로자를 모집 채용할 때 그 직무의 수행에 필요하지 아니한 신체적 조건, 미혼 조건, 그 밖에 고용노동부령으로 정하는 조건을 제시하거나 요구하면 안 된다.

⑥ 고용상 연령차별금지 및 고령자고용촉진에 관한 법률

이 법 제4조의4(모집 채용 등에서의 연령차별 금지)에서 사업주는 다음 각 호의 분야에서 합리적인 이유 없이 연령을 이유로 근로자 또는 근로자가 되려는 자를 차별하면 안 된다. 합리적인 이유 없이 연령 외의 기준을 적용하여 특정 연령집단에 특히 불리한 결과를 초래하는 경우에는 연령차별로 본다.

⑦ 장애인고용촉진 및 직업재활법

이 법 사업주의 책임(제5조)에서 사업주는 장애인의 고용에 관한 정부의 시책에 협조하고, 장애인이 가진 능력을 정당하게 평가하여 고용의 기회를 제공함과 동시에 적정한 고용관리를 할 의무를 가진다. 사업주는 근로자가 장애인이라는 이유로 채용 승진 전보 교육훈련 등 인사관리상의 차별대우를 하면 안 된다. 제33조(사업주의 부담금 납부 등)에서 의무고용률에 못 미치는 장애인을 고용하는 사업주(상시 50명 이상 100명 미만의 근로자를 고용하는 사업주는 제외한다)는 대통령령으로 정하는 바에 따라 매년 고용노동부장관에게 부담금을 납부하여야 한다.

장애인이 그 능력에 맞는 직업생활로 인간다운 생활을 할 수 있도록 장애인의 고용촉진 및 직업재활을 목적으로 한다. 국가와 지방자치단체의 장애인 고용 의무(소속공무원 정원의 3.2% 이상 고용), 사업주의 장애인 고용 의무(월 평균 상시 근로자를 50인 이상 고용하는 사업주는 소속 근로자 총수의 2.9%이상 고용), 부담금은 장애인을 고용해야 할 의무가 있는 사업주(월 평균 상시 100명 이상의 근로자를 고용하는 사업주)가 의무 고용률에 못 미치는 장애인을 고용한 경우 납부해야하는 공과금이다. 반대로, 의무고용률을 초과하여 장애인을 고용하고 있는 사업주는 고용장려금을 받을 수 있다.

2018년 5월 29일부터 직장 내 장애인 인식개선 교육이 법정 의무다. 직장 내 장애인 인식개선 교육을 실시하지 않은 사업주이거나 교육 실시 관련 자료를 3년간 보관하지 아니한 사업주 및 장애인 인식개선 교육기관의 장에게는 300만원 이하 과태료가 부과된다. 모든 사업주 및 근로자는 연 1회, 1시간 이상 교육을 받아야 하며 사업주는 고용노동부장관이 배포한 교육 자료를 활용하여 직접 교육, 고용노동부장관이 지정하는 기관(장애인 인식개선 교육기관)에 위탁 교육, 교육을 실시한 사업주 및 장애인 인식개선 교육기관의 장은 교육 증빙자료를 3년간 보관해야 한다. 교육 내용은 장애의 정의 및 장애유형에 대한 이해, 직장 내 장애인의 인권, 장애인에 대한 차별금지 및 정당한 편의제공, 장애인고용촉진 및 직업재활과 관련된 법과 제도, 그 밖에 직장 내 장애인 인식개선에 필요한 사항 등을 반드시 교육 내용에 포함해야 한다. 장애인차별금지 및 권리구제 등에 관한 법률에 따라 다양한 영역에서 장애인에 대한 차별 금지, 인권을 보호하고 비장애인과 동등한 근로조건을 마련하기 위해 정당한 편의제공을 규정하고 있다. 장애인 당사자는 물론 장애인을 돕고 있는 사람에 대한 차별을 금지하고 보조견 및 장애인보조기구 등의 정당한 사용을 방해해서는 안 된다는 내용이다. 정당한 편의제공, 시설·장비의 설치 또는 개조, 직무조정, 인적 지원, 제도개선이 해당된다(한국장애인고용공단, 2018).

⑧ 국가유공자 등 예우 및 지원에 관한 법률

제29조(취업지원 대상자 등)에서 취업지원을 받을 수 있는 사람은 전상군경, 공상군경, 무공수훈자, 보국수훈자, 재일학도의용군인, 4·19혁명부상자, 4·19혁명공로자, 공상공무원, 특별공로상이자 및 특별공로자 배우자와 자녀 포함, 전몰군경, 순직군경, 4·19혁명사망자, 순직공무원 및 특별공로순직자의 배우자와 자녀 포함 등이다. 해당하는 사람에게는 제31조(채용시험의 가점 등) 취업지원 실시기관이 그 직원을 채용하기 위하여 채용시험을 실시하는 경우에는 그 채용시험에 응시한 취업지원 대상자의 점수에 다음 각 호의 구분에 따라 가점(加點)하여야 한다.

⑨ 예술인 복지법

예술인의 직업적 지위와 권리를 법으로 보호하고, 예술인 복지 지원을 통하여 예술인들의 창작활동을 증진하고 예술 발전에 이바지하는 것을 목적으로 한다(제1조). 이 법에서 사용하는 "예술인"이란 예술 활동을 업(業)으로 국가를 문화적, 사회적, 경제적, 정치적으로 풍요롭게 만드는 데 공헌하는 사람으로서 문화예술 분야에서 대통령령으로 정하는 바에 따라 창작, 실연(實演), 기술지원 등의 활동을 증명할 수 있는 사람을 말한다(제2조).

제3조(예술인의 지위와 권리)에서 예술인은 문화국가 실현과 국민의 삶의 질 향상에 중요한 공헌을 하는 존재로서 정당한 존중을 받아야 한다. 모든 예술인은 자유롭게 예술 활동에 종사할 수 있는 권리가 있으며, 예술 활동의 성과를 통하여 정당한 정신적, 물질적 혜택을 누릴 권리가 있다. 모든 예술인은 유형·무형의 이익 제공이나 불이익의 위협을 통하여 불공정한 계약을 강요당하지 아니할 권리를 가진다.

5. 윤리 : 보호·안전·성희롱·청탁금지

① 개인정보 보호법

이 법 제15조(개인정보의 수집 이용)에서 개인정보처리자는 "정보주체의 동의를 받은 경우, 법률에 특별한 규정이 있거나 법령상 의무를 준수하기 위하여 불가피한 경우, 공공기관이 법령 등에서 정하는 소관 업무의 수행을 위하여 불가피한 경우, 정보주체와의 계약의 체결 및 이행을 위하여 불가피하게 필요한 경우,

정보주체 또는 그 법정대리인이 의사표시를 할 수 없는 상태에 있거나 주소불명 등으로 사전 동의를 받을 수 없는 경우로서 명백히 정보주체 또는 제3자의 급박한 생명, 신체, 재산의 이익을 위하여 필요하다고 인정되는 경우, 개인정보처리자의 정당한 이익을 달성하기 위하여 필요한 경우로서 명백하게 정보주체의 권리보다 우선하는 경우는 개인정보처리자의 정당한 이익과 상당한 관련이 있고 합리적인 범위를 초과하지 아니하는 경우에 한정된 경우"는 개인정보를 수집할 수 있으며 그 수집 목적의 범위에서 이용할 수 있다. 이러한 정보주체에게 알리고 어느 하나의 사항을 변경하는 경우에 이를 알리고 동의를 받아야 한다. 제16조(개인정보의 수집 제한), 제18조(개인정보의 목적 외 이용 제공 제한), 제21조(개인정보의 파기), 제24조의2(주민등록번호 처리의 제한) 등의 조항을 눈여겨볼 필요가 있다.

② 생명윤리 및 안전에 관한 법률

이 법은 인간과 인체유래물 등을 연구하거나, 배아나 유전자 등을 취급할 때 인간의 존엄과 가치를 침해하거나 인체에 위해(危害)를 끼치는 것을 방지함으로써 생명윤리 및 안전을 확보하고 국민의 건강과 삶의 질 향상에 이바지함을 목적으로 한다(제1조). 기본원칙으로는 인간의 존엄과 가치 존중, 연구대상자 등의 인권과 복지는 우선적 고려, 자율성 존중, 자발적인 동의는 충분한 정보에 근거해야 한다. 또한 사생활 보호, 안전은 충분히 고려, 위험 최소화 등이다(제3조).

③ 성희롱에 관한 기준

직장 내 성희롱의 행위자와 피해자는 사실 광범위하다. 업무관련성 있는 성적 언동 등에서 업무관련성은 직장 내 지위를 이용하거나 업무와 관련해 이루어

• Chapter 04 창업지식 •

지는 것을 말한다. 상대방이 원하지 않는 성적 언동 또는 그 밖의 요구에 따라 피해자의 성적 굴욕감, 혐오감, 근로조건과 고용 불이익이 나타나면 성희롱에 해당된다. 그런데 고객, 거래처, 관계자 등 업무와 관련이 있는 자는 "남녀고용평등과 일·가정 양립 지원에 관한 법률"에서 말하는 직장 내 성희롱 행위자에는 해당하지 않는다. 다만, 고객 등 업무와 밀접한 관련이 있는 자가 근로자에 대해 성희롱을 한 경우, 사업주는 피해 근로자의 요청이 있는 경우 근무 장소 변경, 배치전환, 유급휴가의 명령 등 적절한 조치를 취할 의무가 있고, 피해자에 대하여 불이익조치를 해서는 안 될 의무가 있다(고용노동부, 2018). 행위자의 의도는 직장 내 성희롱의 성립 여부와 무관하다.

일단 직장 내의 지위를 이용하거나 업무와의 관련성이 있어야 한다. 업무관련성은 근무시간 내에 근무 장소에서 발생한 것이 아니어도 인정될 수 있다. 피해자가 원하지 않는 행위여야 한다. 피해자가 명시적인 거부의사를 표현하지 않았더라도 직장 내 성희롱이 될 수 있다. 성적 언동 또는 그 밖의 요구이어야 한다. 그것은 육체적, 언어적, 시각적 행위와 기타 행위로 분류 할 수 있다. 이 때 판단 기준이 되는 내용은 합리적 피해자의 관점과 성인지 감수성이다.

직장 내 성희롱을 판단하는데 피해자가 성적 굴욕감 또는 혐오감을 느꼈는가가 성립 요건이다. 그런데 주관적인 감정이므로 개인마다 다를 수 있다. 이를 누구의 관점에서 그렇게 느낄 수 있는지 판단해야 하는지가 문제된다. 최근 대법원은 "우리 사회 전체의 일반적이고 평균적인 사람이 아니라 피해자와 같은 처지에 있는 평균적인 사람의 입장에서 성적 굴욕감이나 혐오감을 느낄 수 있는 정도였는지를 기준으로 심리, 판단하여야 한다" 고 하였다(대법원 2018. 4. 12. 선고 2017두74702판결).

즉, 합리적인 일반인의 관점이 아니라 합리적인 피해자의 관점에서 판단해야 한다. 직장 내 성희롱은 피해자가 성적 굴욕감 등을 느끼게 하는 행위이므로 당연히 피해자가 "원하지 않는 행위" 이다. "상대방이 원하지 않는" 행위는 상대방이 명시적으로 거부의사를 표현한 경우만이 아니라, 적극적으로나 소극적으로 또는 묵시적으로 거부하는 경우도 포함된다. 즉, 행위자의 성적 언동에 대해 직접적으로 분명하게 거부해야만 직장 내 성희롱이 성립되는 것이 아니다.

오히려, 현실에서는 피해자가 사회 경험이 부족하여 직장 내 성희롱 상황에 어떻게 대처해야 하는지 몰라서 또는 행위자가 고위직급이거나 피해자의 근로조건을 결정하는 등 피해자보다 강한 권한을 가지고 있는 자이기 때문에 거부의사를 표현하기 어려운 조건이어서 2차 피해 발생을 우려하여 명시적으로 거부의사를 표현하지 못하는 경우가 더 많다. 따라서 그 행위가 성적 굴욕감 등을 느끼게 하는 원치 않는 행위인지 여부는 피해자가 거부의사를 표현했는지 보다는 앞서 말한 피해자의 입장에서 그 행위가 발생한 상황적 맥락, 경위, 그 행위의 정도나 양태 등을 종합적으로 검토해보았을 때 원치 않는 행위인지를 판단해 보아야 한다.

대법원은 "법원이 직장 내 성희롱 관련 소송을 심리할 때에는 성차별 문제를 이해하고 양성평등을 실현할 수 있도록 '성인지감수성'을 잃지 않아야 하며, 피해자가 직장 내 성희롱 사실을 알리고 문제를 삼는 과정에서 이른바 '2차' 피해를 입을 수 있다는 점을 유념하여 피해자가 처하여 있는 특별한 사정을 충분히 고려하여 판단하여야" 한다고 했다.

> 최근 성희롱 관련 소송의 심리기준 '성인지감수성'(대법원 2018. 4. 12. 선고 2017두74702 판결)의 판결요지는 법원이 성희롱 관련 소송의 심리를 할 때에는 그 사건이 발생한 맥락에서 성차별 문제를 이해하고 양성평등을 실현할 수 있도록 '성인지 감수성'을 잃지 않아야 한다('양성평등기본법' 제5조 제1항 참조). 그리하여 우리 사회의 가해자 중심적인 문화와 인식, 구조 등으로 인하여 피해자가 성희롱 사실을 알리고 문제를 삼는 과정에서 오히려 부정적 반응이나 여론, 불이익한 처우 또는 그로 인한 정신적 피해 등에 노출되는 이른바 '2차 피해'를 입을 수 있다는 점을 유념하여야 한다. 피해자는 이러한 2차 피해에 대한 불안감이나 두려움으로 인하여 피해를 당한 후에도 가해자와 종전의 관계를 계속 유지하는 경우도 있고, 피해사실을 즉시 신고하지 못하다가 다른 피해자 등 제3자가 문제를 제기하거나 신고를 권유한 것을 계기로 비로소 신고를 하는 경우도 있으며, 피해사실을 신고한 후에도 수사기관이나 법원에서 그에 관한 진술에 소극적인 태도를 보이는 경우도 적지 않다. 이와 같은 성희롱 피해자가 처하여 있는 특별한 사정을 충분히 고려하지 않은 채 피해자 진술의 증명력을 가볍게 배척하는 것은 정의와 형평의 이념에 입각하여 논리와 경험의 법칙에 따른 증거판단이라고 볼 수 없다.

직장 내 성희롱 관련 사업주 의무의 특징으로 근로자의 인격권과 노동권을 침해하는 행위로서 법률에서 금지하고 있는 불법 행위이다. 법률의 목적은 피해 근로자의 침해된 권리를 회복시키고 안전하고 성평등 근로환경을 구축하는 것이다. 사업주는 '남녀고용 평등법'은 직장 내 성희롱의 예방 및 처리에 관한 모든 책임을 사업주에게 지우고 있으며, 각 의무 위반 시 처벌규정을 두고 있다. 사업주는 근로계약상 근로자에 대하여 안전한 근로환경을 제공해야 할 안전배려의무가 있기 때문에 이런 측면에서도 직장 내 성희롱을 예방할 책임을 부담한다. 사업주의 직장 내 성희롱 예방 교육 의무는 상시근로자 1인 이상 모든 사업장에서 사업주는 매년 1회 이상 전체 직원에 대하여 "직장 내 성희롱 예방 교육"을 실시하여야 한다. 전체 직원은 정규직, 비정규직 등 모든 근로자며 위반 시 500만원 이하 과태료가 부과된다(고용노동부, 2018).

④ 부정청탁 및 금품등 수수의 금지에 관한 법률

이 법은 공직자 등에 대한 부정청탁 및 공직자 등의 금품 등의 수수(收受)를 금지함으로써 공직자 등의 공정한 직무수행을 보장하고 공공기관에 대한 국민의 신뢰를 확보하는 것을 목적으로 한다(제1조). 누구든지 직접 또는 제3자를 통하여 직무를 수행하는 공직자등에게 다음 각 호의 어느 하나에 해당하는 부정청탁을 해서는 아니 된다(제5조). 공직자등은 직무 관련 여부 및 기부·후원·증여 등 그 명목에 관계없이 동일인으로부터 1회에 100만원 또는 매 회계연도에 300만원을 초과하는 금품등을 받거나 요구 또는 약속해서는 아니 된다(제8조).

제2절 세무 상식

세금은 국가나 지방자치단체가 그 재정수요를 충당하기 위하여 개별적인 보상 없이 국민으로부터 법률에 따라 징수한다. 세금을 내는 국민 입장에서는 세금을 적게 내거나 줄여서 내고 싶어 한다. 그렇다고 무조건 적게 낼 수는 없다(국세청, 2018).

기초 세금 지식은 창업에서 세무 영역에 해당된다. 세무 영역은 창업자만이 아니라 근로자에게도 매우 중요하며 상당히 복잡하고 어렵다. 그렇기 때문에 "(수준 높은) 상식"을 알아두는 차원에서 공부하는 것이 바람직하다. 아래 내용은 "생활세금"에 해당되는 내용으로 상식적으로 알아두면 좋은 내용을 발췌했다(국세청, 2018).

1. 세무 기초 용어

① 부가가치세는 상품(재화) 등을 판매하거나 서비스(용역)을 제공하면 납부하는 세금이다. 다만, 가동되지 않은 식료품(채소, 생선 등), 연탄, 복권, 의료보건 용역, 허가나 인가받은 학원 등 교육 용역, 광고를 제외한 도서 신문 잡지는 부가가치세가 면제된다(단서 조항을 잘 살필 것).

② 개별소비세는 부가가치세 이외에 개별소비세와 이에 따른 교육세와 농어촌특별세도 납부해야 한다. 수렵 총포류 제조 수입업자, 보석과 귀금속류 제조 수입자, 고급시계 모피 가구 가방, 정원 8명 이하 승용차, 담배, 석유류, 경마 경륜 경정 골프장 카지노 등 장소, 과세유흥장소가 해당된다.

③ 소득세는 사업자가 연간 소득에 대해 신고 후 납부한다. 종합소득(이자·

배당·사업·근로·연금·기타소득)이 있는 사람은 다음해 5월까지 종합소득세를 신고·납부해야 한다. 소득세는 사업자가 스스로 소득을 계산하여 신고·납부하는 세금이므로 모든 사업자는 장부를 비치·기장해야 한다. 그 가운데 간편 장부 대상자는 "해당연도에 신규로 사업을 시작한 경우" 등이 해당된다. 복식부기 의무자는 간편 장부 대상자 이외 모든 사업자는 재산 상태와 손익 거래 내용을 빠짐없이 거래 시마다 차변과 대변으로 나누어 기록한 장부를 기록·보관, 이를 기초로 작성된 재무제표를 신고서와 함께 제출한다.

④ 근로소득세 원천징수는 사업자가 종원업을 채용해 월급을 줄 때는 근로소득세를 원천 징수해 납부해야 한다(신고 납부 기한은 조금씩 차이가 있으므로 수시로 확인하고 기억해야 한다). 원천징수는 원천징수 대상이 되는 소득이나 수입금액을 지급할 때 이를 지급하는 자(원천징수의무자)가 해야 한다. 대상소득은 봉급, 상여금 등의 근로소득, 이자소득, 배당소득, 퇴직소득, 연금소득, 상금, 강연료, 인적용역소득(사업소득), 공급가액의 20%를 초과하는 봉사료다. 원천징수한 세액은 다음달 10일까지 은행·우체국 등 가까운 금융회사에 납부하고, 원천징수 이행상황신고서는 세무서에 제출해야 한다.

⑤ 소득과 세액 공제에 관한 사항에서 근로소득세의 세금 계산은 원천징수 후 세금은 정산한다. 그 방법은 정해진 세액표에 따르며 주요 내용은 아래와 같다.

인적공제(생계를 같이 하는 부양가족), 특별 소득공제(보험료와 주택자금), 기타 소득공제(개인연금저축, 신용카드 등 사용액, 장기집합투자 증권 저축)이다. 특별 세액공제는 자녀, 연금계좌, 보험료, 의료비, 교육비, 기부금(정치, 법정, 우리사주조합, 지정), 표준세액공제, 월세가 있다(자세한 사항은 담당 공무원이나 전문가에게 문의). 또한 현금영수증(1건 당 10만 원 이상 거래금액은 소비자가 요청하지 않아도 발급 필수), 교육비 영수증(학원 수강료 등)도 가지고 있으면 도움이 된다.

사업 준비 단계에서 지출한 사업장 인테리어 비용, 비품 구입비도 당연히 그 매입세액은 공제받는다. 그런데 구입하는 시점에 사업자등록을 하지 않았다면 사업자의 주민등록번호를 적어서 세금계산서를 받으면 매입세액을 공제받을 수 있다. 가장 안전한 방법은 사업장이 확보되는 즉시 사업자등록을 하는 것이다.

2. 사업자등록과 절세

사업자등록은 창업에서 가장 기본이면서도 중요하다. 모든 사업자는 사업을 시작할 때 반드시 사업자등록을 해야 한다. 그 등록은 사업장마다 해야 하며 사업을 시작한 날로부터 20일 이내에 서류를 준비해서 세무서 민원 봉사실에 신청해야 한다(홈텍스 홈페이지로도 할 수 있으나 방문하기를 권장한다). 사업을 시작하기 전에 객관적으로 확인되는 경우는 등록 가능하며 신청 즉시 발급된다.

준비할 서류는 신청서 1부(현장 작성 가능)를 기본으로 "해당자"에 한해서 허가증·신고필증·등록증 사본 1부, 사업 개시 전에 등록을 하는 경우는 사업허가신청서나 사업 계획서, 임대차계약서 1부, 2인 이상 공동 사업하는 경우는 공동사업 사실 증명 서류, 도면 1부, 법인은 주주 또는 출자자명세서, 정관, 법인 등기부등본, 자금출처명세서가 필요하다.

간이과세자에 해당될 수도 있는데 일반적으로 연간 공급대가가 부가가치세 포함 4,800만 원에 미달할 것으로 예상되는 사업자다. 사업자등록을 하지 않으면 무거운 가산세를 내야하는 등 불이익이 "매우" 크다.

사업자등록 신청 전에 확인할 것은 내가 하는 사업의 유형을 먼저 정하는 것이다. 개인으로 할지 법인으로 할지, 개인사업자로 시작해서 법인사업자로 바꿀지 등이 대표적이다. 만약 허가, 등록, 신고 업종인 경우는 이를 먼저 해결하고 사업자등록을 해야 한다.

개인사업자란 회사를 설립하는데 상법상 별도의 절차가 필요하지 않아 설립절차가 간편하고 휴·폐업이 비교적 간단하며 부가가치세와 소득세 납세의무가 있는 사업자다. 또한 법인사업자란 법인 설립등기를 하고 법인격을 취득한 법인뿐만 아니라 국세기본법의 규정에 따라 법인으로 보는 법인격 없는 단체 등도 포함되며 부가가치세와 법인세 등 납세의무가 있는 사업자다.

과세유형에 따라 과세사업자는 부가가치세 과세대상 재화 또는 용역을 공급하는 사업자로서 부가가치세 납세의무가 있는 사업자다. 면세사업자는 부가가치세가 면제되는 재화 또는 용역을 공급하는 사업자로서 부가가치세 납세의무가 없는 사업자다. 부가가치세 면세사업자라도 소득세 납세의무까지 면제되는 것은 아니다.

사업규모에 따라서 구분할 수도 있다. 일반과세자는 연간 매출액(둘 이상의 사업장이 있는 사업자는 그 둘 이상 사업장의 매출 합계액, 부가가치세 포함)이 4,800만 원 이상으로 예상되거나 간이과세가 배제되는 업종 또는 지역에서 사업을 하고자 하는 경우다. 일반과세자는 10%의 세율이 적용되며 세금계산서를 발행할 수 있습니다. 간이과세자는 주로 소비자를 상대하는 업종으로서 연간매출액이 4,800만 원에 미달할 것으로 예상되는 소규모사업자다. 업종별로 0.5%~3%의 낮은 세율이 적용되지만, 세금계산서를 발행할 수 없다.

확정일자는 건물소재지 관할세무서장이 신청일자에 임대차계약서의 존재사실을 인정해 임대차계약서에 기입한 날짜다. 건물을 임차하고 사업자등록을 마친 사업자가 확정일자를 받으면 임차한 건물이 경매나 공매로 넘어갈 때 확정일자를 기준으로 후순위권리자에 우선해 보증금을 변제 받을 수 있다. 따라서 확정일자는 사업자등록과 동시에 신청하는 것이 가장 좋다.

> 사업자등록 명의를 빌려주면 절대 안 된다. 사업과 관련된 각종 세금은 명의를 빌려준 사람에게 나온다. 명의를 빌려간 사람이 세금을 못 내면 명의를 빌려준 사람의 재산이 압류되어 공매되는 등 재산상 큰 피해를 볼 수 있다. 실질사업자가 밝혀지더라도 명의를 빌려준 책임은 피할 수 없다.

중소기업을 창업할 때는 규정을 잘 활용하면 세금을 줄일 수 있다. 창업 후 5년간 매년 납부세액의 50%부터 고용 증가 시 최대 100%를 감면받을 수 있다. 창업중소기업은 수도권 과밀억제권역 밖에서 창업하는 중소기업으로 음식점업, 출판업, 영상 오디오 기록물 제작과 배급업, 컴퓨터 프로그래밍 등이 해당된다.

창업 후 3년 내 벤처 확인을 받은 기업, 창업보육센터사업자로 지정받은 자, 에너지신기술 중소기업이 해당된다. "청년창업중소기업"은 개인사업자로 창업하면 15세 이상 29세 이하인 사람, 법인사업자로 창업하면 법인의 최대주주 또는 최대출자자여야 한다는 요건을 충족해야 한다. 이에 해당되면 3년 간 75%, 그 다음 2년 50%에 상당하는 세액을 감면한다.

세금계산서는 재화 또는 용역의 공급시기에 발급하는 것이 원칙이다. 공급시기가 도래하기 전 대가의 전부 또는 일부를 받고 세금계산서를 발급하는 경우는 무방하다. 거래상대방이 의심스러우면 물건을 판매한 사업자가 발급하는 세금계산서인지 확인하거나 정상사업자인지 확인해야 한다.

또한 사업이 잘 안 되어 적자 상태인 경우도 흔하다. 적자라는 사실을 인정받으려면 증빙자료가 필요하며 그 대표적인 것은 바로 "장부 기장"이다. 기장을 했다면 증빙서류는 반드시 비치해야 한다. 기장은 거래 사실을 장부에 기록하는 행위로 경리담당 직원이나 세무대리인에게 위탁해도 되지만 사업자는 영수증 등을 잘 챙겨야 한다.

3. 사업 승계와 성실 납세

상속세는 사망으로 그 재산이 가족이나 친족 등에게 무상으로 이전될 때 상속재산에 부과하는 세금이다. 이와 같이 알아둘 증여세는 증여자(재산을 주는 사람)가 생전에 자기 재산을 무상으로 이전할 때 그 재산을 취득한 자에게 부과하는 세금이다. 참고로 "가업승계"는 기업주가 해당 가업의 주식이나 사업용 재산을 그의 후계자에게 증여 또는 상속하는 것이므로 상속세 납세의무는 피상속인(상속받을 사람)의 상속개시일(사망일·실종선고일)에 성립한다. 상속세는 상속개시한 달의 말일부터 6개월(피상속인 또는 상속인 모두 외국에 주소를 둔 경우 9개월) 이내에 신고해야 하며 증여세는 증여를 받은 달의 말일부터 3개월 이내에 신고해야 한다. 피상속인이 사망한 이후에도 상속인과 그 가족의 안정적인 생활을 지원하는 목적으로 상속인의 인적 상황과 상속재산의 물적 상황을 고려하여 일정 금액을 공제하는 것을 "상속공제제도"라고 한다(국세청, 2018).

> 가산세는 세법에서 규정한 의무를 위반한 자에게 국세기본법 또는 세법에서 정하는 바에 따라 가산세를 납부할 세액에 가산하거나 환급할 세액에서 공제하는 것이다. 신고를 하지 않거나 적게 신고하거나 환급금을 많이 신고하거나 불성실 납부가 이에 해당한다.

이와 반대로 성실납세 지원제도는 여러 가지다(국세청, 2018).

첫째, 모범 납세자 우대제도는 세무조사 유예 혜택을 중심으로 보증지원 우대, 각종 심사 시 가산점 부여 등이 해당된다.

둘째, 세금포인트 제도는 법인 또는 개인이 납부한 세금액수에 따라 일정 포인트를 부여하고 적립된 포인트로 징수유예나 납기연장 신청할 때 납세담보 제공 면제 혜택을 받을 수 있다.

셋째, 장애인 조세지원 제도는 본인 또는 부양가족이 장애인인 일 때 소득세를 계산할 때 소득공제 혜택이 있다. 또한 증여세 경감, 상속세 경감, 징수유예, 기부금 공제, 관세 감면 등도 해당된다.

넷째, 중소기업 조세지원 제도는 세법에서 정의한 중소기업에 해당하는 경우 일반 기업보다 추가 세금지원 혜택이 있다. 세부적으로 다양한 혜택이 있지만 '수도권과밀억제권역'에서 창업한 경우 혜택 대상에 포함된다.

다섯째, 징수유예·납부연장 제도는 사업이 어려울 때 연기 신청할 수 있다. 사업자가 재해를 입거나 거래처 파업 등으로 사업이 중대한 위기에 처한 경우 이 제도로 일정 기간 세금 납부를 연기할 수 있다. 예를 들어, 천재지변(지진 등), 화재, 동거가족의 중상해(6개월 이상 등) 등이 해당된다.

여섯째, 국선대리인 제도는 경제적 사정 등으로 세무대리인을 선임하지 못한 영세 납세자가 청구세약 3천만 원 이하의 이의신청·심사청구를 제기하는 경우 세무대리인을 무료로 지원하고 있다. 이 때 요건은 종합소득금액 5천만 원 이하, 소유재산가액 5억 원 이하인 경우인데 법인납세자, 상속 증여 종합부동산세는 제외된다.

일곱째, 영세납세자 지원단 제도는 세법을 잘 모르고 경제적 사정으로 세무대리인을 선임하지 못하는 납세자가 세금 고민 없이 생업에 전념하도록 세무도우미가 문제 해결을 돕는 제도로 영세 개인납세자, 영세 중소법인, 사회적 경제기업, 장애인 사업장 등이 대상이다. 무료 세무 자문, 창업자 멘토링, 방문 상담, 폐업자 서비스가 있다.

영세 개입사업자의 체납액 납부의무 소멸특례제도는 종합소득세, 부가가치세, 종합소득세 및 부가가치세에 부가되는 농어촌특별세·가산금·체납처분비가 대상이다. 소멸대상 체납액은 세부 항목으로 나누어지며 소멸한도는 납세자 1인 당 3천만 원까지다. 다만, 조세 범칙 사실이 없는 사람 중에서 총 수입금액이 기준 금액 미만이어야 하고 사업을 새로 개시 또는 취업해야 한다(국세청, 2018).

국세상담센터는 전화, 인터넷(모바일)으로 할 수 있다. 특히, 홈택스는 인터넷으로 세금(국세) 신고, 납부, 민원 증명 발급을 받을 수 있다. 회원 가입 후 공인인증서를 사용해서 로그인 하는 것이 제일 편하다. 근로자는 연말정산간소화 서비스를 이용하면 더 편리하다. 세금 관련 어려움이나 부당한 일을 당했을 때는 납세자보호담당관제도를 이용할 수 있다. 이는 세금과 관련된 고충을 납세자 편에서 적극적으로 처리해 납세자의 권익을 실질적으로 보호하기 위해 도입한 제도로 전국 모든 세무관서에 근무하고 있다.

제3절 노무 관리

1. 사회보험 : 4대 보험

사회보험은 국가가 보험 원리와 방식을 도입하여 상해·질병·노령·실업 등 사회적 위험으로부터 국민의 건강과 소득을 보장하는 사회보장제도다. 노동능력 상실에 대비한 산재보험·건강보험과 노동기회 상실에 대비한 고용보험·국민연금이 있다. 소득 재분배 기능과 함께 의무가입 방식으로 운영되고 있다. 그 이유는 전 국민을 사회적 위험으로부터 보호, 사회보장제도 실시는 법으로 정하고 있기 때문이다. 4대 보험(고용보험, 산재보험, 국민연금, 건강보험)은 기본적으로 1인 이상 고용하는 모든 사업장이 대상이다.

"두루누리 사회보험 지원사업"에 대해서 설명하면, 근로자 대부분은 사회보험 혜택을 받고 있지만 소규모 사업장의 저임금 근로자들은 경제적 부담으로 사회보험을 가입하지 못하여 혜택을 받지 못하는 경우가 많다. 사회보험 가입에 따른 경제적 부담 완화를 통해 소규모 사업장의 저임금 근로자가 사회보험에 가입할 수 있도록 '고용보험'과 '국민연금'의 보험료 일부를 국가가 지원하는 사업이다(고용노동부·보건복지부·근로복지공단·국민연금, 2017).

사업기준은 기본적으로 근로자인 피보험자 수가 10명 미만인 경우, 근로자 월 평균 보수가 140만원 미만인 근로자(2017년 기준)이 해당된다. 근로복지공단과 국민연금공단에서는 사회보험 가입상담 및 보험료 지원 신청 등을 돕기 위해 찾아가는 가입서비스를 제공하고 있다. 그 신청은 전자신고 홈페이지(www.4insure.or.kr)에서 할 수 있다.

고용보험 혜택은 사업주 지원에서 고용창출장려금(통상적 조건 하에 취업이 어려운 취약계층을 고용하거나 교대제 개편, 실근로시간 단축, 시간선택제 일자리 도입 등 근무형태를 변경해 고용기회를 확대 경우), 고용안정장려금(학업, 육아, 간병 등 생애주기별로 고용불안이 가속될 때 근로시간 단축, 근로형태 유연화 등을 도입해 근로자의 계속고용을 지원하거나 기간제 근로자 등을 정규직으로 전환해 일자리 질을 높인 경우), 고용유지지원금(매출액 감소 등으로 고용조정이 불가피하게 된 사업주가 고용유지조치해서 피보험자를 계속 고용하는 경우), 청장년 고용지원(청년층에게 장기근속, 자산형성 기회 제공, 장년층에게는 고용기회(장년인턴) 제공, 세대 간 상생고용 노력과 고령자고용 촉진 조치한 경우), 고용환경개선지원(직장어린이집 설치 운영 지원으로 여성의 경제활동을 촉진, 일자리 함께하기 설비투자, 재택·원격근무 등을 지원)이 있다.

국민연금 급여의 종류는 매월 일정금액을 지급하는 노령연금(가입기간 10년 이상, 60세 도달할 때부터 평생 연금 지급), 유족연금(연금 수급자 사망), 장애연금

(1급~3급)과 한꺼번에 지급하는 장애일시보상금(장애4급), 반환일시금(연금수급요건을 충족 못하면 납부한 보험료에 이자를 가산해 지급), 사망일시금이 있다.

산재보험의 주요 내용은 업무상 재해는 업무수행 중 사고, 시설물 결함 등에 따른 사고, 출장 중 사고, 행사 중 사고, 휴게시간 중 사고 등이며 업무상 질병은 업무수행 과정에서 유해·위험을 말한다. 산재보상은 요양급여, 휴업급여, (오랜 치료에 따른) 상병보상연금, 장해급여, 간병급여, 직업재활급여, 유족급여, 장의비가 있다.

2. 근로자 지원 : 급여·휴직·교육

근로자 지원에서 재직근로자 훈련 지원, 실업자 훈련지원을 비롯해 여러 가지 제도가 있다. 특히, 실업급여는 근로자가 실직했을 때 일정기간 급여를 지급해 생계불안을 극복하고 생활 안정을 도와주며 재취업 기회를 지원해 주는 제도다. "실직 전 18개월 중 고용보험가입 사업장에서 180일(피보험단위기간) 이상 근무", "회사의 경영사정 등과 관련하여 비자발적인 사유로 이직", "자발적 이직, 중대한 귀책사유로 해고되면 제외", "근로할 의사, 능력이 있고 적극적인 재취업 활동에도 불구하고 취업하지 못한 상태"에 해당되며, 구직급여(퇴직 전 평균임금의 50% × 소정급여일수)으로 지급된다.

육아휴직급여는 근로자가 만 8세 이하 또는 초등학교 2학년 이하 자녀를 양육을 위해 "남녀고용 평등과 일·가정 양립 지원에 관한 법률" 제19조에 따라 육아휴직을 30일 이상 부여받으면 지급된다. 출산전·후 휴가급여는 임신, 출산 등으로 인하여 소모된 체력을 회복하는데 도움을 주는 제도다. 임신 중인 여성근로자가 사업주로부터 출산 전후 휴가를 받아 사용하고 출산 전후 휴가 종료일 이전 고용보험 피보험단위 기간이 180일 이상일 경우 해당된다.

근로복지공단에서 지원하는 다양한 융자 제도도 있다. 생활안정자금(혼례비, 자녀학자금, 의료비, 임금체불생계비, 부모요양비, 장례비, 임금감소생계비, 소액생계비), 근로자 휴양 콘도, 직장여성 아파트, 공공직장어린이집, 직장어린이집 설치비용 지원, 직장보육교사 등 인건비 및 중소기업 직장어린이집 운영비 지원, 여성고용환경개선 융자지원이 있다(근로복지넷, 2018).

> 최저임금제도는 임금의 최저수준을 정하고 사용자에게 이 수준 이상의 임금을 지급하도록 법으로 강제하는 제도다. 2018년 시간급 최저임금은 7,530원, 급여를 주거나 받을 때 반드시 확인해야 하며 고용노동부 홈페이지(www.moel.go.kr), 최저임금위원회 홈페이지 (www.minimumwage.go.kr), 국번없이 1350 고용노동부 고객 상담센터에 문의하면 된다. 2018년 상반기 기준으로 월 환산액 1,573,770원, 주 소정근로 40시간, 월 환산기준 209시간(주당 유급주휴8시간 포함)이다.

최저임금액과 다른 금액으로 최저임금액을 정하는 근로자는 수습사용 중에 있는 자(1년 미만으로 근로계약을 체결한 경우 제외)로서 수습을 시작한 날부터 3개월 이내인 근로자는 최저임금액의 10%를 감액하여 지급할 수 있다(다만, 단순노무업무로 고용노동부 장관이 정하여 고시한 직종에 종사하는 근로자는 제외).

최저임금이 적용되는 경우는 근로자 1명 이상인 모든 사업 또는 사업장에 적용됩니다. 다만, 동거하는 친족만을 사용하는 사업과 가사사용인, 선원법을 적용받는 선원과 선원을 사용하는 선박 소유자에게는 적용되지 않는다. 근로기준법상 근로자(정규직, 비정규직, 외국인 근로자 등)는 모두 적용된다. 다만, 정신 또는 신체장애로 근로능력이 현저히 낮아 고용노동부장관의 적용제외 인가를 받은 자는 적용되지 않는다.

최저임금에 산입되는 임금은 매월 1회 이상 정기적·일률적으로 지급하는 임금(기본급, 직무수당, 직책수당, 기술수당, 면허수당, 특수작업수당, 벽지수당, 승무수당, 항공수당, 항해수당, 생산장려수당 등)이다. 반대로 산입되지 않는 임금은 매월 1회 이상 정기적으로 지급하는 임금 외 임금(1개월을 초과하는 기간에 걸친 사유에 따라 지급하는 상여금, 정근수당, 근속수당, 결혼수당 등), 소정근로시간 또는 소정의 근로일에 대하여 지급하는 임금 외 임금(연차휴가 근로수당, 유급휴가 근로수당, 유급휴일 근로수당, 연장시간근로·휴일근로에 대한 임금 및 가산임금, 야간근로 가산임금, 일·숙직 수당 등), 생활보조 또는 복리후생을 위한 임금(가족수당, 급식수당, 주택수당, 통근수당 등)이다.

최저임금액에 미치지 못하는 금액을 임금으로 정한 부분은 무효다. 최저임금액과 동일한 임금을 지급해야 하고 최저임금 미달 여부의 판단방법은 "최저임금 산입범위 = 「근로기준법」상 임금 − 최저임금에 산입하지 아니하는 임금"으로 한다. 사용자가 근로자에게 반드시 알려줄 사항에서 사용자는 최저임금액, 적용제외 근로자의 범위, 최저임금에 산입하지 아니하는 임금, 최저임금의 효력발생 월일을 근로자가 쉽게 볼 수 있는 장소에 게시하거나 적당한 방법으로 근로자에게 널리 알려야 한다. 사용자가 근로자에게 최저임금액 등을 알려주지 않을 경우 100만 원 이하 과태료가 부과되며 사용자가 최저임금에 미달하여 임금을 지급한 경우 3년 이하의 징역 또는 2천만 원 이하 벌금에 처해지거나 두 가지 벌칙을 같이 받을 수 있다.

"퇴직연금제도"는 사용자가 퇴직급여 지급을 위한 재원을 사외 금융기관에 적립하고 근로자가 퇴직할 때 적립된 퇴직급여를 연금 또는 일시금으로 받아 노후자금으로 활용할 수 있도록 하는 제도다. 근로복지공단 퇴직연금 가입대상은 30인 이하 모든 사업장은 근로복지공단 퇴직연금에 가입할 수 있다. 사용자가 일정금액을 근로자 계좌에 납부하는 방식이다.

"근로장려금"은 열심히 일은 하지만 소득이 적어 생활이 어려운 근로자 또는 사업자(전문직 제외) 가구에 대해 가구원 구성과 총급여액 등에 따라 산정된 근로장려금을 지급해 근로를 장려하고 실질소득을 지원하는 제도다. 거주자를 포함한 1세대 가구원 구성에 따라 정한 부부합산 총급여액 등을 기준으로 지급, 연간 최대 지급액은 230만 원이다. 2015년부터 근로자뿐만 아니라 자영업자도 근로장려금을 최대 230만원까지 지원하는 제도다. 부양자녀 1인당 최대 50만원의 자녀장려금을 받을 수 있다. 부가가치세 일반과세자, 간이과세자, 면세사업자(인적용역자 포함) 전체가 해당된다. 저소득 가구의 자녀양육 부담 경감을 위해 2015년부터 총소득 4,000만원 미만이면서 부양자녀(18세 미만)가 있는 경우 자녀장려금은 부양자녀(18세 미만) 1명당 최대 50만원을 지급하는 제도다.

"고용장려금지원제도"는 사업주에게 도움을 주는 여러 가지 항목으로 구성되어 있다(고용노동부, 2018). **고용창출장려금**(시간선택제 고용 지원, 일자리함께하기 지원, 청년내일채움공제, 세대간 상생 고용 지원, 지역·성장산업 고용 지원, 전문인력 고용 지원, 고용촉진장려금), **고용안정장려금**(시간선택제 전환 지원, 일·가정 양립 환경개선(유연근무) 지원, 원격근무 인프라 구축 지원, 출산육아기 고용안정장려금, 정규직 전환 지원), **직업능력 개발**(일학습병행제, 능력중심 채용 지원), **고용유지지원금**(고용문화 개선, 일家양득 캠페인), 일터혁신 컨설팅이 있다(고용노동부, 2017).

"청년내일채움공제"는 중소기업 등에 취업한 청년에게는 장기근속 및 목돈마련의 기회, 기업에는 우수인재 고용유지를 지원하는 제도다. 청년이 중소중견기업에서 2년간 근속하면서 자기부담금 300만원 적립시 정부(900만원)와 기업(400만원, 정부지원)이 같이 적립하여 1,600만원의 목돈마련을 지원한다. 지원요건은 청년 만 15세 이상 34세 이하로 중소·중견기업에 정규직으로 신규 취업한 청년, 기업 고용보험 피보험자수 5인 이상 중소·중견기업으로서 상기 청년을 정규직으로 채용한 기업(벤처기업, 청년 창업기업 등 일부 1~5인 미만 기업도 가능)이다. 지원 수준 기간은 청년 2년간 취업지원금 900만원 지원, 기업 2년간 채용유지지원금 700만원 지원(이중 400만원은 청년에게 적립)으로 신청절차는 정규직 채용 이후 1, 6, 12, 18, 24월분 임금 지급일로부터 5영업일 이내에 운영기관에 지원금 신청서를 제출하면 된다.

"중소기업 청년 추가고용 장려금"은 성장유망업종에 해당하는 중소기업이 청년 3명을 정규직으로 채용 시 1명분의 임금을 2천만 원 한도로 지원해 중소기업 인력난 해소와 청년일자리를 창출할 수 있다. 성장유망업종(분야)에 해당하는 중소기업(우선지원 대상기업)으로 지원요건은 성장유망업종(분야) 해당하는 중소기업, 청년 정규직 3명 이상 신규 채용, 사업장 근로자수 유지해야 한다. 청년근로자 증가 3명당 1명분의 임금을 연 2,000만원 한도로 3년간 지원하며 기업 피보험자 수의 30% 이내(30명 한도, 10인 미만의 경우 3명 한도)다. 장려금 지급신청서 등 관련 서식을 작성하여 구비서류와 함께 사업체 소재지 관할 고용센터 기업지원 부서에 우편·방문 신청 또는 고용보험시스템 신청할 수 있다.

"고용창출장려금"은 통상적 조건 하에 취업이 어려운 취약계층 고용 또는 신중년 적합직무에 신중년을 고용하거나 교대제 개편, 실근로시간 단축, 시간선택제 일자리 도입 등 근무형태를 변경하여 고용기회를 확대한 사업주를 지원하는 제도다. 사업참여신청서와 사업계획서를 제출하면 고용센터 심사위원회의 심사를 거쳐 선정된 기업에 한하여 예산의 범위 내에서 지원받는다. 단, 고용촉진장려금은 사업 참여 신청이 필요 없이 지급 요건을 갖추면 장려금이 지급된다.

"고용안정장려금"은 근로시간 단축, 유연근무제를 도입해 근로자의 일·생활 균형을 지원하거나 고용이 불안정한 기간제 근로자 등을 정규직으로 전환 또는 재고용하는 사업주를 지원하여 기존 근로자 고용안정과 일자리 질 향상을 도모한다. 사업참여신청서와 사업계획서를 제출하면 고용센터 심사위원회의 심사를 거쳐 선정된 기업에 한하여 예산의 범위 내에서 지원받는다. 단, 출산육아기 고용안정 지원은 사업 참여 신청이 필요 없이 지급 요건을 갖추어 장려금 지급 신청서를 제출하면 된다. 시간선택제 전환 지원의 경우 사전 참여 신청이 필요 없

· Chapter 04 창업지식 ·

이 시간선택제로 전환한 근로자의 전환일로부터 6개월 이내에 최초로 장려금 지급 신청을 하면 지원받을 수 있다.

"고용유지지원금"은 경기 변동, 산업구조 변화 등으로 생산량이나 매출액이 감소하거나 재고량이 증가하는 등 고용조정이 불가피한 사업주가 근로자를 감원하지 않고 근로시간조정, 교대제 개편, 휴업, 휴직과 같은 고용유지조치를 실시하고 고용을 유지하는 경우 임금(수당)을 지원해 사업주 경영 부담을 완화하고 근로자 실직을 예방하는 제도다. 지원 대상은 생산량 감소·재고량 증가 등으로 고용조정이 불가피하게 된 사업주가 사전에 계획서를 고용센터에 제출한 후 휴업(근로시간조정, 교대제 개편)·휴직과 같은 고용유지조치를 실시하고 그 기간 근로자에게 임금 또는 수당 등을 지급하고, 고용유지조치 기간과 그 이후 1개월까지 당해 사업장 소속 근로자를 고용조정으로 이직시키지 않은 사업주에 해당된다.

최근 사회적으로 많은 논의가 이루어지고 있는 "비정규직 차별시정제도"에 대해서 참고적으로 알아볼 필요가 있다. 창업 이후 사업이 확장되어 구성원의 숫자가 많고 업무가 세분화될 때 한번쯤 고민할 부분이다.

> 비교대상자 선정의 의미(서울행정법원 2017.7.7. 선고 2016구합53203 판결)의 판결요지는 "비교대상근로자로 선정된 근로자의 업무가 기간제근로자의 업무와 동종 또는 유사한 업무에 해당하는지 여부는 취업규칙이나 근로계약 등에 명시된 업무 내용이 아니라 근로자가 실제 수행하여 온 업무를 기준으로 판단하되, 이들이 수행하는 업무가 서로 완전히 일치하지 아니하고 업무의 범위 또는 책임과 권한 등에서 다소 차이가 있다고 하더라도 주된 업무의 내용에 본질적인 차이가 없다면 달리 특별한 사정이 없는 한 이들은 동종 또는 유사한 업무에 종사한다고 보아야 한다. … 정규직 근로자 중 가장 높은 처우를 받는 근로자를 비교대상근로자로 선정하는 경우 가장 낮은 처우를 받는 정규직 근로자는 기간제 근로자보다 더 불이익을 받게 되는 역차별이 발생할 우려가 있으므로, 비교대상근로자로 가장 낮은 처우를 받는 정규직 근로자를 선정하는 것이 타당하다"(한국노동연구원, 2018).
>
> 개별근로계약에서 정한 유리한 근로조건은 취업규칙에 우선한다(대법원 2017. 12. 13. 선고 2017다261387 판결)의 판결요지는 "취업규칙은 근로자의 근로조건과 복무규율에 관한 기준을 집단적, 통일적으로 설정하기 위하여 사용자가 일방적으로 작성한 것인 데 반해, 근로계약은 사용자와 근로자의 합의에 기초한 것이므로, 어떠한 근로조건에 관해 취업규칙과 근로계약이 각기 다르게 정하고 있다면, 취업규칙이 근로자에게 보다 유리하다는 등의 특별한 사정이 없는 이상, 근로계약이 우선 적용된다고 봄이 상당하다"(한국노동연구원, 2018).

창업 지식을 법률, 세무, 노무 영역으로 살펴보았는데 이는 모두 기본 중에 기본이라고 할 수 있는 내용이다. 그렇지만 이런 기본적인 내용을 모르거나 간과하면 어느 순간 큰 어려움에 빠진다. 사람과 사람의 관계라고 할 수 있는 노무, 납세의 의무와 직결되는 세무, 창업을 비롯한 경제활동에 밑바탕인 법률은 수시로 교육받으면 자신에게 이롭다.

Power Tip

법률, 세무, 노무 분야는 어떤 사건이 발생하기 전에 예방 차원의 자문(문의)가 핵심이다. 분야별 전문가에게 일정한 보수를 지급해서 정확한 자문을 받아 만에 하나 어려운 상황이 확대되지 않도록 하면 좋다. 사건을 수습하는 시간, 비용, 노력보다 월등히 적게 든다. 간단한 내용은 전화, 인터넷, 방문 등으로 해결할 수 있으며 "하고 싶은 말(사실관계)을 종이에 적어서 가기"를 강력하게 권유한다.

Memo

제5장
창업 업종

"위대한 업적을 이루는 사람은 언제나 모험가다."
– 몽테스키외(철학가)

■ 들어가기

창업 업종은 매우 다양하고 일상의 모든 것을 아우른다. 이를 알기 쉽게 분류하는 여러 가지 기준을 살펴보도록 한다. 표준화된 기준에 따라 사업체 개수와 종사자 인원을 바탕으로 업종의 특징을 넓게 알아볼 수 있다.

신규 업종은 시대 흐름을 반영한 새로운 직업을 말한다. 기존 업종과 신규 업종은 모두 개인과 국가 경제를 이끌어간다. 앞으로 미래 직업 전망은 업종의 증감을 예상하고 저출산 고령화에 따른 인구구조 변화가 창업에 어떤 영향을 줄 수 있을지 생각할 수 있다.

■ 생각해보기

1. 자신이 제일 관심 있는 업종은 무엇인가?
2. 처음 들어보거나 이해가 안 되는 직업 명칭이 있는가?
3. 최근 유행에서 가장 관심을 두는 것은 어떤 것인가?
4. 앞으로 어떤 직업이 없어지고 생길 것이라고 예상하는가?
5. 저출산 고령화 현상을 어떻게 생각하는가?

제5장

창업업종

창업과 기업가정신에 관한 업종은 관련 없는 부분이 없다. 전체 업종마다 창업할 수 있고 이미 경영하는 사람이 많다. 이를 더 다양하게 이해하려면 기존과 신규 업종을 비롯한 직업 전반에 걸친 배경 지식이 필요하다. "알아서 나쁠 것이 전혀 없는" 내용이므로 아래와 같이 살펴보도록 한다(고용노동부 · 한국고용정보원, 2017).

일반적으로 창업에서 "중소기업"은 영리를 목적으로 사업하는 법인(법률적으로 회사, 조합 등)과 개인사업자를 말한다. 규모나 독립성 기준을 모두 충족해야 중소기업인데 평균매출액 기준 제조업은 800억/1,000억/1,500억 원 이하, 서비스업은 600억, 숙박/보험/부동산업은 400억 원 이하다. 제조업종은 기준이 더 나누어져 있으며 자산총액 5천억 원 미만 기준을 제외한 상한기준은 폐지되었다(기업마당 · 중소기업청, 2017). 그렇지만 창업 업종을 알아보는데 이러한 기준은 참고일 뿐이며 세부적으로 파고들수록 아는 것보다 모르는 내용이 더 많다.

이렇게 창업한 기업이 만든 제품이나 서비스는 다양한 업종에서 찾아볼 수 있다. 건축, 토목, 기계, 디자인과 공예, 바이오, 반도체, 생활용품, 소프트웨어, 음식품, 의약품, 전기 전자, 정보통신, 화학, 환경 등이다. 일상에서 이미 사용하고 있거나 특정 분야에서 중요한 기능을 맡고 있다. "이렇게 먹고 살 수도 있구나!" 싶은 정도로 제품이나 서비스는 무궁무진하다.

제1절 기존 업종

기존 업종은 이미 우리가 언제 어디서나 오감으로 알 수 있는 것이라서 모두 설명하기는 불가능하다. 그러기에 직종별 직업사전의 설명을 바탕으로 기존 업종과 직업 자체를 이해할 수 있다(한국고용정보원, 2017).

1. 직종과 직업의 기준 : 일상의 모든 것

"정규교육"은 해당 직업의 직무를 수행하는데 필요한 일반적인 정규교육수준이다. 이것이 해당 직업 종사자의 평균 학력을 나타내는 것은 아니다. 현행 우리나라 정규교육과정을 고려해 "6년 이하"(초졸 이하), "6년 초과 ~ 9년 이하"(중졸 정도), "9년 초과 ~ 12년 이하"(고졸 정도), "12년 초과 ~ 14년 이하"(전문대졸 정도), "14년 초과 ~ 16년 이하"(대졸 정도), "16년 초과"(대학원 이상) 등 그 수준을 6단계로 분류했다.

"숙련기간"은 정규교육과정을 이수한 후 해당 직업의 직무를 평균적인 수준으로 스스로 수행하는데 필요한 각종 교육기간, 훈련기간 등을 의미한다. 해당 직업에 필요한 자격·면허를 취득하는 취업 전 교육 및 훈련기간, 취업 후에 이루어지는 관련 자격·면허 취득 교육 및 훈련 기간도 포함된다. 자격·면허가 요구되는 직업은 아니지만 해당 직무를 평균적으로 수행하기 위한 각종 교육·훈련, 수습교육, 기타 사내교육, 현장훈련 등의 기간이 포함된다. 단, 해당직무를 평균적인 수준 이상으로 수행하기 위한 향상훈련은 포함되지 않는다.

"직무기능"은 해당 직업 종사자가 직무를 수행하는 과정에서 자료, 사람, 사물과 맺는 관련된 특성이다. 각 작업자 직무기능은 광범위하며 자료, 사람, 사물과 어떤 관련을 가지고 있는지는 알아둘 필요가 있다. 단순한 것에서 차츰 복잡한 것으로 변하는 특성을 보여주는데 그 관계가 제한적인 경우도 있다. 자료(data)와 관련된 기능은 정보, 지식, 개념 등 세 가지 종류의 활동으로 어떤 것은 광범위하며 어떤 것은 범위가 협소하다. 각 활동은 상당히 중첩되어 복잡하다. 사람(people)과 관련된 기능은 서로 관계가 없거나 희박하다. '서비스제공'이 일반적으로 덜 복잡한 기능을 말하거나 그 수준을 의미하는 것은 아니다. "사물(thing)"과 관련된 기능은 작업자가 기계와 장비를 가지고 작업하는지, 도구나 보조도구를 가지고 작업하는지에 따라 분류한다. 작업자의 업무에 따라 그 활동수준이 달라진다.

"작업강도"는 해당 직업의 직무를 수행하는데 필요한 육체적 힘의 강도를 나타낸 것이다. 그러나 "작업강도"는 심리적·정신적 노동 강도는 고려하지 않았다. 첫째, 아주 가벼운 작업은 최고 4kg의 물건을 들어 올리는 경우다. 앉아서 하는 작업이 대부분을 차지하지만 서거나 걷는 것이 필요할 수도 있다. 둘째, 가벼운 작업은 최고 8kg의 물건을 들어올리고 4kg정도의 물건을 빈번히 들어 올리거나 운반한다. 걷거나 서서하는 작업이 대부분일 때 또는 앉아서 하는 작업일지라도 팔과 다리로 밀고 당기는 작업을 수반할 때에는 무게가 매우 적을지라도 이 작업에 포함된다. 보통 작업은 최고 20kg의 물건을 들어올리고 10kg 정도의 물건을 빈번히 들어 올리거나 운반한다. 힘든 작업은 최고 40kg의 물건을 들어올리고 20kg 정도의 물건을 빈번히 들어 올리거나 운반한다. 아주 힘든 작업은 40kg이상의 물건을 들어올리고 20kg이상의 물건을 빈번히 들어 올리거나 운반한다. 밀거나 당기는 것도 기준에 포함된다.

"육체활동"은 해당 직업의 직무를 수행하기 위해 필요한 신체적 능력을 나타내는 것으로 균형감각, 웅크림, 손사용, 언어력, 청각, 시각 등이 요구되는 직업이다. 단, 조사대상 사업체 및 종사자에 따라 차이가 있기에 일반화하는 데는 무리가 있다. 균형감각(용접, 철골조립 등), 웅크림(오토바이 수리, 항공기엔진정비 등), 손사용(의학, 미용 등), 언어력(교육 등), 청각(음향, 악기 조율 등), 시각(측량, 제도, 조종, 사진 등)이 해당한다.

"작업환경"은 해당 직업의 직무를 수행하는 작업자에게 직접적으로 물리적, 신체적 영향을 미치는 작업장의 환경요인이다. 온도(저온, 고온, 습도), 소음·진동, 위험(방사선, 폭발), 대기환경(분진 등)이 미흡한 직업은 근로기준법, 산업안전보건법 등의 법률에서 제시한 금지직업이나 유해요소가 있는 직업 등을 근거로 판단할 수 있다. 그러나 이러한 기준도 산업체 및 작업장에 따라 달라질 수 있으므로 절대적인 기준이 될 수 없다.

"유사명칭"은 현장에서 본직업명을 명칭만 다르게 부르는 것으로 본직업명과 사실상같다. "관련직업"은 본직업명과 기본적인 직무에 있어서 공통점이 있으나 직무의 범위, 대상 등에 따라 나누어지는 직업이다. 하나의 본직업명에는 두 개 이상의 관련 직업이 있을 수 있다. "자격·면허"는 해당 직업에 취업 시 소지할 경우 유리한 자격증 또는 면허를 나타내는 것으로 현행 국가기술자격법 및 개별법령에 의해 정부주관으로 운영하고 있는 국가자격 및 면허다.

위와 같은 내용은 직업과 직종을 분류하는 기준으로 창업과 직접적으로 관련이 없을 수도 있다. 그런데 이러한 기준을 알아두면 결국 자신의 전문성 향상에 도움이 되며 구체적으로 업종을 이해하는데 필요하다.

2. 산업 직무의 분류 : 표준화에 따른 사업체와 종사자

한국표준산업분류는 생산단위(사업체단위, 기업체단위 등)가 주로 수행하는 산업 활동을 그 유사성에 따라 체계적으로 유형화한 내용이다. 통계법에 따라서 통계자료의 정확성, 국가 간 비교 확보, 유엔에서 권고하고 있는 국제표준산업분류를 기초로 작성한 통계목적분류다. 통계목적 이외에도 일반 행정, 산업정책관련 법령에서 적용대상 산업영역을 결정하는 기준으로 준용되고 있다. 한국표준직업분류는 직업관련 통계를 작성하는 모든 기관이 통일적으로 일관성과 비교성을 확보하기 위한 것이다. 각종 직업정보에 관한 국내통계를 국제적으로 비교할 수 있도록 국제노동기구(ILO)의 국제표준직업분류(ISCO)를 기초로 작성되었다.

• Chapter 05 창업업종 •

<표 7> 한국표준직업분류 구조(2017년 기준)

대분류	중분류	소분류	세분류	세세분류
1 관리자	5	16	24	82
2 전문가 및 관련 종사자	8	44	165	463
3 사무 종사자	4	9	29	63
4 서비스 종사자	4	10	36	80
5 판매 종사자	3	5	15	43
6 농림어업 숙련 종사자	3	5	12	29
7 기능원 및 관련 기능 종사자	9	21	76	198
8 장치·기계조작 및 조립종사자	9	31	65	220
9 단순노무 종사자	6	12	24	49
A 군인	1	3	4	4
총계	52	156	450	1231

출처: 통계분류포털 홈페이지(2018)

위에서 종사자라고 적힌 단어는 "창업자"로 바꿔서 이해할 수 있다. 예를 들어, 자신이 전문가(2)로서 창업인지 판매(5)에서 창업인지를 가리는 것이다. 세분류(450개), 세세분류(1231개)라는 점은 그만큼 종사자의 영역이 많다는 뜻이다. 직업과 직종의 세계는 일상에서 모두 찾을 수 있으면서도 막상 모르는 부분이 훨씬 많다고 말할 수 있다.

국가직무능력표준의 분류는 직무의 유형을 중심으로 국가직무능력표준의 단계적 구성을 나타내는 것이다. 국가직무능력표준 개발의 전체 체계는 한국고용직업분류(KECO: Korean Employment Classification of Occupations) 등을 참고했으며 '대분류(24) → 중분류(78) → 소분류(238) → 세분류(897개)'의 순서로 구성되어 있다. 국가직무능력표준 분류는 의사소통능력(문서이해능력, 문서작성능력, 경청능력, 의사표현능력, 기초외국어능력), 수리능력(기초연산능력, 기초통계능력, 도표분석능력, 도표작성능력), 문제해결능력(사고력, 문제처리능력), 자기개발능력(자아인식능력, 자기관리능력, 경력개발능력), 자원관리능력(시간관리능력, 예산관리능력, 물적자원관리능력, 인적자원관리능력), 대인관계능력(팀웍능력, 리더십능력, 갈등관리능력, 협상능력, 고객서비스능력), 정보능력(컴퓨터활용능력, 정보처리능력), 기술능력(기술이해능력, 기술선택능력, 기술적용능력), 조직이해능력(국제감각, 조직체제이해능력, 경영이해능력, 업무이해능력), 직업윤리(근로윤리, 공동체윤리)로 나눌 수 있다.

이러한 표준 분류는 자신이 어떤 분야에 자질이 있는지, 노력하면 향상되는 능력이 무엇인지를 단순하게 파악하는데 도움이 된다. 예를 들어, 내가 수리 능력에서 도표작성능력이 있다면 그것에 맞는 창업이나 창업 역량을 키우는 것이 좋다. 반대로, 내가 기술적용능력이 떨어지거나 아예 흥미가 없으면 그 분야로는 창업 아이디어를 구상하면 안 된다는 의미다.

⟨표 8⟩ 대분류, 중분류, 소분류, 세분류로 구성된 국가직무능력표준 분류 데이터

대분류	중분류	소분류	세분류
계	78개	238개	897개
01. 사업관리	1	2	5
02. 경영 · 회계 · 사무	4	11	27
03. 금융 · 보험	2	9	35
04. 교육 · 자연 · 사회과학	2	3	8
05. 법률 · 경찰 · 소방 · 교도 · 국방	2	3	13
06. 보건 · 의료	1	2	11
07. 사회복지 · 종교	3	6	16
08. 문화 · 예술 · 디자인 · 방송	3	9	56
09. 운전 · 운송	4	7	30
10. 영업판매	3	8	18
11. 경비 · 청소	2	3	6
12. 이용 · 숙박 · 여행 · 오락 · 스포츠	4	12	42
13. 음식서비스	1	3	10
14. 건설	8	26	113
15. 기계	10	31	125
16. 재료	2	7	35
17. 화학	4	11	34
18. 섬유 · 의복	2	7	24
19. 전기 · 전자	3	27	84
20. 정보통신	3	13	64

21. 식품가공	2	4	20
22. 인쇄 · 목재 · 가구 · 공예	2	4	24
23. 환경 · 에너지 · 안전	6	18	52
24. 농림어업	4	12	45

출처 : 국가직무능력표준 홈페이지(https://www.ncs.go.kr/th01/TH-102-001-02.scdo)

총 24가지로 분류된 국가직무능력표준은 내가 어떤 일을 잘 할 수 있는지, 그 일을 잘 하려면 무슨 능력을 키워야 하는지를 알아보는데 도움이 된다. 한국표준직업분류와 마찬가지로 세분류가 897개로 많기 때문에 일정한 시간을 두고 차근차근 읽어야 한다. 이 기준은 "개인이 할 수 있는 능력을 제시"하고 있으므로 창업만이 아니라 취업할 때도 일정한 역할을 차지한다.

Power Tip

정부에서 직종, 직업, 직무를 여러 기준으로 분류하는 이유는 산업 전체를 파악하는데 쉽다는 이유가 있다. 개인 입장에서는 서로 같으면서도 막상 다른 직무, 다른 것처럼 보이는데 같이 분류되어 있는 사실도 확인할 수 있다. 정말 다양한 일을 하는 사람이 많다는 사실을 깨달을 수 있다. 단, 일상적으로 부르는 직업 용어가 표준 용어와 차이가 있다는 점을 알아야 한다.

전국사업체조사 현황은 실질적으로 창업 업종과 영역을 살펴보는 중요한 내용이다. 산업별, 조직형태별로 사업체수와 종사자수를 알 수 있다.

• Chapter 05 창업업종 •

〈표 9〉 전국사업체조사 현황

대분류	중분류	소분류	세분류
계	78개	238개	897개
01. 사업관리	1	2	5
02. 경영·회계·사무	4	11	27
03. 금융·보험	2	9	35
04. 교육·자연·사회과학	2	3	8
05. 법률·경찰·소방·교도·국방	2	3	13
06. 보건·의료	1	2	11
07. 사회복지·종교	3	6	16
08. 문화·예술·디자인·방송	3	9	56
09. 운전·운송	4	7	30
10. 영업판매	3	8	18
11. 경비·청소	2	3	6
12. 이용·숙박·여행·오락·스포츠	4	12	42
13. 음식서비스	1	3	10
14. 건설	8	26	113
15. 기계	10	31	125
16. 재료	2	7	35
17. 화학	4	11	34
18. 섬유·의복	2	7	24
19. 전기·전자	3	27	84
20. 정보통신	3	13	64

		2	4	20
21. 식품가공		2	4	20
22. 인쇄 · 목재 · 가구 · 공예		2	4	24
23. 환경 · 에너지 · 안전		6	18	52
24. 농림어업		4	12	45

출처 : 국가직무능력표준 홈페이지(https://www.ncs.go.kr/th01/TH-102-001-02.scdo)

〈표 10〉 산업별 사업체수와 종사자수

산업별	조직형태별	2016	
		사업체수 (개)	종사자수(명)
전체 산업	계	3,950,192	21,259,243
	개인사업체	3,160,413	8,028,796
	회사법인	541,415	9,499,799
	회사이외법인	121,328	3,177,074
	비법인단체	127,036	553,574
농업, 임업 및 어업 (01 ~ 03)	계	3,638	39,741
	회사법인	1,826	16,957
	회사이외법인	1,621	20,384
	비법인단체	191	2,400
광업 (05 ~ 08)	계	2,006	15,739
	개인사업체	1,203	3,362
	회사법인	788	10,952
	회사이외법인	15	1,425
제조업 (10 ~ 33)	계	416,493	4,045,121
	개인사업체	304,635	1,157,801

• Chapter 05 창업업종 •

제조업 (10 ~ 33)	회사법인	108,365	2,847,096
	회사이외법인	3,317	38,728
	비법인단체	176	1,496
전기, 가스, 증기 및 수도사업 (35 ~ 36)	계	2,129	77,381
	개인사업체	235	694
	회사법인	804	34,529
	회사이외법인	1,080	42,135
	비법인단체	10	23
하수 · 폐기물 처리, 원료재생 및 환경복원업 (37 ~ 39)	계	7,945	85,391
	개인사업체	2,704	10,889
	회사법인	4,639	63,077
	회사이외법인	587	11,329
	비법인단체	15	96
건설업 (41 ~ 42)	계	136,074	1,381,454
	개인사업체	71,127	223,954
	회사법인	64,748	1,152,311
	회사이외법인	175	4,957
	비법인단체	24	232
도매 및 소매업 (45~47)	계	1,019,388	3,147,606
	개인사업체	856,501	1,832,320
	회사법인	153,415	1,255,314
	회사이외법인	8,783	56,523
	비법인단체	689	3,449

업종	구분		
운수업 (49~52)	계	385,837	1,109,949
	개인사업체	358,058	432,926
	회사법인	24,009	600,791
	회사이외법인	3,395	73,828
	비법인단체	375	2,404
숙박 및 음식점업 (55~56)	계	729,395	2,165,772
	개인사업체	701,708	1,830,956
	회사법인	25,246	316,545
	회사이외법인	1,702	14,233
	비법인단체	739	4,038
출판, 영상, 방송통신 및 정보서비스업 (58~63)	계	42,472	566,674
	개인사업체	14,060	38,745
	회사법인	25,068	464,298
	회사이외법인	3,216	63,017
	비법인단체	128	614
금융 및 보험업 (64~66)	계	42,710	725,554
	개인사업체	5,326	12,563
	회사법인	25,049	554,178
	회사이외법인	12,258	158,503
	비법인단체	77	310
부동산업 및 임대업 (68~69)	계	158,882	568,022
	개인사업체	109,269	188,182
	회사법인	26,678	222,860

Chapter 05 창업업종

부동산업 및 임대업 (68 ~ 69)	회사이외법인	1,743	22,828
	비법인단체	21,192	134,152
전문, 과학 및 기술 서비스업 (70 ~ 73)	계	102,713	996,596
	개인사업체	61,846	200,332
	회사법인	31,460	615,091
	회사이외법인	8,821	178,380
	비법인단체	586	2,793
사업시설관리 및 사업지원 서비스업 (74 ~ 75)	계	52,008	1,094,344
	개인사업체	24,350	97,608
	회사법인	24,541	951,252
	회사이외법인	1,564	34,932
	비법인단체	1,553	10,552
공공행정, 국방 및 사회보장 행정(84)	계	12,452	691,216
	회사이외법인	12,444	691,174
	비법인단체	8	42
교육 서비스업(85)	계	180,295	1,552,822
	개인사업체	143,675	378,675
	회사법인	10,570	146,205
	회사이외법인	22,007	995,158
	비법인단체	4,043	32,784
보건업 및 사회복지 서비스업 (86~87)	계	138,319	1,612,816
	개인사업체	108,112	851,179
	회사법인	733	13,140

보건업 및 사회복지 서비스업 (86~87)	회사이외법인	17,427	600,925
	비법인단체	12,047	147,572
예술, 스포츠 및 여가관련 서비스업(90~91)	계	110,443	399,317
	개인사업체	98,704	211,841
	회사법인	4,081	87,872
	회사이외법인	4,590	85,106
	비법인단체	3,068	14,498
협회 및 단체, 수리 및 기타 개인 서비스업(94~96)	계	406,993	983,728
	개인사업체	298,900	556,769
	회사법인	9,395	147,331
	회사이외법인	16,583	83,509
	비법인단체	82,115	196,119

출처 : 국가통계포털, 전국사업체조사(시도 산업 조직 형태별 사업체수 종사자수), 통계청, 2018.

전체 산업에서 사업체는 3백 9십 만개를 넘고 있으며 그 가운데 개인사업체가 압도적으로 많다. 그렇지만 회사법인, 회사 이외 법인, 비법인 단체로 사업체 수가 적지 않다. 종사자 수는 총 2천 1백 만 명을 넘고 있는데 사업체 수와 다르게 회사법인에서 근무하는 사람이 9백 5십 만 명에 이른다. 회사 이외 법인에서 근무하는 종사자도 3백 만 명 이상이라는 점에서 많은 편이다.

산업별로는 제조업 종사자가 4백 만 명을 넘고 있으며 개인사업체도 1백 1십 만 곳, 회사법인도 2백 8십 만을 넘는다. 건설업은 회사법인이 6만 곳을 넘는 가운데 종사자 수는 1백 1십 만 명 이상이다. 도매 및 소매업은 사업체수가 1백 만

개 이상으로 개인사업체가 많은 편이지만 종사자수는 회사법인도 상대적으로 적지 않은 편이다. 숙박 및 음식점업은 개인사업체의 수와 종사자가 모두 많다. 사업시설관리 및 사업지원서비스업은 회사법인에서 종사하는 사람이 95만 명 정도다. 교육 서비스업은 회사 이외 법인에서 일하는 사람이 약 1백 만 명이 이르고 있다. 보건업 및 사회복지 서비스업은 개인사업체가 많고 종사자도 85만 명을 넘고 있다. 이렇게 각 산업마다 특성이 다소 차이가 있는데 창업 업종 현황과 시장조사의 자료로 알아보는데 이러한 통계자료는 도움이 된다.

제2절 신규 업종

직업은 끊임없이 생성하고 소멸하면서 변한다. 직업세계는 현재 시대 흐름을 반영해서 더 다양하게 변할 것이다(고용노동부·한국고용정보원, 2017). 다만, 신규 업종은 아직 종사자 수가 적거나 시장 정착 초기인 단계가 대부분이므로 일반화하기 어렵지만 어느 정도 분위기를 파악하는데 의미가 있다. 특히, 남들에게 아무리 좋은 코스라 하더라도 내 상황이나 목적에 맞지 않으면 의미가 없다. 세상에는 수많은 방법이 있고, 경로도 저마다 다르다. 자신이 처한 환경, 목적, 취향에 따라서도 방식은 모두 달라진다(고용노동부·한국고용정보원, 2016).

1. 신생 직업 : 시대 흐름 반영

청소년을 포함한 청장년층의 가치관과 생활양식은 과거와 상당한 차이가 있다. 가치관(價値觀, sense of value)은 '인간이 삶이나 어떤 대상에 대해서 무엇이 좋고, 옳고, 바람직한 것인지를 판단하는 관점'이며 생활양식(life style)은 '개인이나 가족의 가치관 때문에 나타나는 다양한 생활양식, 행동양식, 사고양식 등 모든 측면의 문화적, 심리적 차이를 나타낸 말이다. 한 시대의 가치관은 한 가지 방향으로 나타날 수도 있지만 동시대라고 해도 다양한 방향성, 정반대의 가치관이 공존할 수도 있다. 이 두 가지는 노동시장을 포함한 직업 전체에 서서히 영향을 미치기에 자기 직업만으로는 알기 어려울 수 있지만 전체 국민의 삶을 바꾸기 때문에 영향력은 깊고 길다.

정부에서 육성 지원하는 새로운 직업은 "공공조달지도사, 원격진료코디네이터, 보건의료정보관리사, 자동차튜닝엔지니어, 곤충컨설턴트, 할랄전문가, 스마트팜구축가, 사물인터넷전문가, 핀테크전문가, 증강현실전문가"다.

미래형 신직업으로는 "도시재생전문가, 주택진단사(건물하자평가사), 빈집코디네이터, 건설원가관리사", "빅데이터전문가, 인공지능전문가, 의료용로봇전문가, 디지털헬스케어전문가, 무인항공촬영감독, 입체 피규어 사진사, 3D 프린팅전문가, 지급결제서비스 기획자, 드론수리원, 가상현실개발자, 자율주행자동차 개발자", "동물간호사, 애완동물장의사, 애완동물행동상담원, 동물물리치료전문사, 동물매개치유사, 재활승마지도사", "홈스쿨코디네이터, 임신출산육아전문가, 아동보호조사관, 난독증학습장애지도사, 아동진술분석관", "협동조합코디네이터, 국제교류지원전문가, 크라우드펀딩매니저, 사진전문경매사, 창작공방운영자", "이혼부모코디네이터, 여가생활상담원, 문신아티스트, 재능기부코디네이터, 조부모-손자녀 유대관계전문가, 장애인여행코디네이터, 사별애도상담원,

수면컨설턴트", "도로안전유도원(교통경비유도원), 리사이클링 코디네이터, 층간 소음관리자", "의료비서, 디지털장의사", "SNS불공정거래 감시자", "인포그래픽 기획자", "사이버큐레이터", "레저선박시설 운영관리원, 바다해설사" 등이 있다(고용노동부 · 한국고용정보원, 2017).

신생 직업의 등장에 영향을 주는 사회적 흐름은 여러 가지로 나누어 볼 수 있다. 일단 건강(식음료 등)과 미용(성형과 헬스케어 등)에 대한 관심 증가, 생활환경보호(미세먼지 등)에 대한 관심 증가, 착한 소비 추구(공정무역 상품 등), 합리적 소비 추구(저성장, 취업난, 고용불안으로 가성비 지향), 1인 문화 증가(결혼기피와 고령화에 따른 1인 가구 증가, 개인주의 확산 등), 얼리 어답터(early adopter) 증가, 안전 관련(사건 사고 예방) 관심 증가, 반려동물 산업 성장, 니트족(NEET族, 일하지 않고 일할 의지도 없는 청년 무직자를 뜻하는 단어로 'Not in Education, Employment or Training'의 줄임말, 보통 15~34세 사이의 취업 인구 가운데 미혼으로 학교(교육)에 다니지 않으면서 일을 하지 않는 사람을 가리킨다), 증가 현상 3D 직종 기피 현상 지속, 자신의 독특한 취미나 취향을 즐기는 사람의 증가, 1인 미디어 확산 현상, 갭이어족(Gap Year 族 : 졸업이나 퇴사 후 휴식기간을 갖는 사람들을 가리키는 말) 등장, 동호회(온라인과 오프라인) 활동 유지 등이 대표적인 현상이라고 볼 수 있다.

2. 미래 직업 전망 : 인구구조 변화 고려

현재 시점에서 예상하는 미래 직업 전망도 어느 정도 살펴볼 수 있다. 2017년 한국직업전망에 따르면, 향후 10년간(2016~2025년), '전문가 및 관련 종사자'(

연평균 1.3%), '서비스종사자'(연평균 1.1%), '단순노무종사자'(연평균 1.0%), '사무종사자'(연평균 0.9%), '장치·기계조작 및 조립종사자'(연평균 0.9%) 직군에서 취업자 증가 속도가 빠를 것으로 전망된다. 특히, 취업자 규모가 가장 큰 '전문가 및 관련 종사자' 직군은 취업자 증가율뿐만 아니라 취업자 수 증가량도 가장 클 것으로 전망된다. 전문가 직군 중 '보건업 및 사회복지서비스업과 전문·과학 및 기술 서비스업'을 중심으로 일자리 증가가 지속될 것으로 예상된다. 두 번째로 취업자 비중이 높은 '사무종사자' 직군은 2010~2015년 동안 가장 높은 취업자 증가율(연평균 3.3%)을 보였다. 생산설비의 자동화와 기계화로 생산직 중에서도 '장치·기계조작 및 조립종사자' 직군을 중심으로 취업자가 증가하는 것으로 보인다.

반대로 같은 기간 동안 가장 높은 취업자 감소율(연평균 -8.9%)을 보인 '관리자' 직군은 향후 10년 동안에 현 상태를 유지하는 정도가 될 것으로 전망된다. '서비스종사자' 직군은 2010~2015년에 2.4%의 높은 취업자 증가율을 기록하였고 향후에도 연 평균 1.1%의 비교적 높은 일자리 성장률을 기록할 것으로 예상된다. '판매종사자' 직군의 취업자 수는 2010~2015년 동안 매년 1.1%씩 증가하였고, 향후 10년간에는 매년 0.5%씩 증가율이 둔화될 것으로 보인다. 한편, '농림어업 숙련종사자' 직군은 2010~2015년 동안 매년 -2.8%씩 일자리가 빠르게 감소하였는데 향후 10년 동안 이러한 추세는 지속될 것이다. '농림어업 숙련종사자'는 지난 수십 년 간 전체 취업자에서 차지하는 비중이 급격하게 감소해왔다. 2017 한국직업전망의 직업별 고용전망 직업명 결과는 아래와 같다(고용노동부·한국고용정보원, 2017). 직업별 고용 전망의 증감은 내가 창업하고 싶은 업종의 성장 가능성이나 시장 진입 등을 고려하는 변수다.

· Chapter 05 창업업종 ·

① 증가

간병인, 간호사, 간호조무사, 네트워크시스템개발자, 물리 및 작업치료사, 방사선사, 변리사, 변호사, 사회과학연구원, 사회복지사, 산업안전 및 위험관리원, 상담전문가 및 청소년지도사, 수의사, 에너지공학기술자, 영양사, 웹 및 멀티미디어기획자, 응급구조사, 응용소프트웨어개발자, 의사, 임상심리사, 직업상담사 및 취업알선원, 치과위생사, 치과의사, 컴퓨터보안전문가, 한식목공, 한의사

② 다소 증가

감독 및 연출자, 경영 및 진단전문가(경영컨설턴트), 경찰관, 경호원, 계산원 및 매표원, 관세사, 관제사, 광고 및 홍보전문가, 기계공학기술자, 기자, 노무사, 대중가수 및 성악가, 데이터베이스개발자, 만화가 및 애니메이터, 메이크업아티스트 및 분장사, 무역사무원, 미용사, 배우 및 모델, 법률사무원, 보육교사, 보험 및 금융상품개발자, 상품기획전문가, 생명과학연구원, 세무사, 소년보호관 및 교도관, 소방관, 손해사정사, 스포츠 및 레크리에이션, 강사, 시민단체활동가, 시스템소프트웨어개발자, 식품공학기술자 및 연구원, 안경사, 약사 및 한약사, 여행서비스종사자, 연예인 및 스포츠매니저, 웹 및 멀티미디어디자이너, 의무기록사, 임상병리사, 작가, 전기 및 전자설비조작원, 전기공학기술자, 정보시스템운영자, 제품디자이너, 지리정보전문가, 치과기공사, 컴퓨터시스템설계 및 분석가, 택배원 판사 및 검사, 피부미용사 및 체형관리사, 항공기객실승무원, 항공기조종사, 행사기획자, 홍보도우미 및 판촉원, 화학공학기술자, 환경공학기술자, 환경 관련 장치조작원, 회계 및 경리사무원 회계사

③ 유지

간판제작 및 설치원, 감정평가전문가, 건설기계운전원, 건축가(건축사) 및 건축공학기술자, 건축목공, 결혼상담원 및 웨딩플래너, 경기감독 및 코치, 경비원, 경영지원사무원 공예원, 국악인 및 전통예능인, 금속가공장치조작원, 금융 및 보험 관련 사무원, 금형원 및 공작기계조작원, 기계장비설치 및 정비원, 기업고위임원(CEO), 냉난방 관련 설비조작원, 농림어업기술자, 단순노무종사원, 단열공(보온공), 도배공 및 유리부착원, 도시 및 교통설계전문가, 도장원 및 도금원, 물품이동장비조작원(크레인 및 지게차운전원), 미술가, 미장공, 방수공 및 타일공, 방송 및 통신장치설치, 수리원, 배관공, 버스운전원, 번역가, 법무사, 보험 관련 영업원, 부동산중개인(부동산중개사), 비금속광물가공장치, 조작원, 비서, 비파괴검사원, 사서 및 기록물관리사, 상품중개인 및 경매사, 상품판매원, 생산 관련 사무원, 석유화학물 가공장치조작원, 섬유공학기술자, 시각디자이너, 식품가공 관련 기능종사자, 식품제조기계조작원, 아나운서 및 리포터, 안내 및 접수사무원, 애완동물미용사, 영업원, 영화·연극 및 방송 제작 장비기사, 용접원, 운송사무원, 운송장비정비원, 유치원교사, 음악가, 의복제조원 및 수선원, 인문과학연구원, 인쇄 및 사진현상조작원, 인테리어디자이너, 임업종사자, 자동차 및 자동차 부분 조립원, 자동차정비원, 자산운용가, 장례지도사, 재료공학기술자, 전기 및 전자기기설치수리원, 전자공학기술자, 제과·제빵사 제조·생산조립원, 조경기술자, 조사전문가 조적공 및 석공, 주방장 및 조리사, 중등학교교사, 직업운동선수, 철골공, 철근공, 철도 및 전동차기관사, 청소원 및 가사도우미, 청원경찰, 초등학교교사, 출판물전문가, 캐드원, 컴퓨터하드웨어기술자 및 연구원, 큐레이터 및 문화재보존원, 토목공학기술자, 통신공학기술자 및 연구원, 통신장비 및 방송

송출장비기사, 통역사, 투자 및 신용분석가, 특수학교교사, 패션디자이너, 항해사, 화물차 및 특수차운전원

④ 다소 감소

귀금속 및 보석세공원, 단조원, 대학교수, 무용가 및 안무가, 바텐더, 사진가, 세탁원, 악기제조원 및 조율사, 이용사, 주조원, 증권 및 외환딜러, 측량기술자, 콘크리트공, 택시운전원, 텔레마케터, 판금원 및 제관원, 학원강사 및 학습지교사

⑤ 감소

낙농 및 사육종사자, 어업종사자, 작물재배종사자

현재 시점은 매년마다 달라지며 그 때 예상하는 미래 직업 전망도 당연히 변한다. 이러한 전망은 한국 전체 산업 구조와 환경 변화에 따라 전문가 집단에서 분석한 내용이다. 창업 업종도 이와 무관하지 않으므로 앞으로 사회가 변하는 흐름을 아는데 참고할 수 있다.

특히, 한국에서 저출산 고령화는 매우 심각한 문제로 인구구조 전체가 달라지기에 창업 업종의 변화에 직접적이고 장기적으로 영향을 주는 현상이다. 정부의 예상보다 그 속도가 더 빠르며 "남북통일", "대규모 자연재해" 등으로 인구구조가 변하지 않는다면 아래 인구 추계는 거의 정확하다. 이러한 사회 변화를 읽는 안목은 창업가에게 중요하며 그 변화에서 발생하는 기회를 포착해서 사업화하는 능력을 키우려는 노력을 해야 한다.

〈표 11〉 한국 인구 변화 추이(과거–현재–미래, 100년)

전체성별 연령별	1960	2000	2018	2030	2040	2050	2060	2065
계	25,012,374	47,008,111	51,635,256	52,941,342	52,197,882	49,432,752	45,245,985	43,024,097
0 – 4세	4,590,812	3,259,783	2,114,631	2,055,193	1,701,828	1,485,072	1,387,573	1,350,223
5 – 9세	3,350,533	3,521,464	2,296,197	2,021,041	1,913,711	1,547,444	1,408,040	1,377,993
10 – 14세	2,646,238	3,129,982	2,270,015	2,032,486	2,030,989	1,682,995	1,469,537	1,403,415
15 – 19세	2,418,444	3,842,432	2,808,144	2,267,698	2,011,634	1,905,640	1,542,612	1,470,353
20 – 24세	2,322,705	3,854,382	3,464,886	2,287,346	2,059,215	2,058,581	1,715,916	1,577,557
25 – 29세	1,933,080	4,352,913	3,486,667	2,625,245	2,344,867	2,092,110	1,987,655	1,766,867
30 – 34세	1,556,328	4,247,992	3,352,747	3,424,578	2,356,591	2,129,139	2,129,288	2,006,838
35 – 39세	1,370,125	4,273,079	4,091,544	3,653,944	2,643,173	2,364,689	2,112,959	2,131,338
40 – 44세	1,125,034	4,020,438	3,949,973	3,289,116	3,416,969	2,354,291	2,128,916	2,111,558
45 – 49세	979,930	2,921,443	4,556,586	3,852,101	3,650,185	2,647,333	2,371,414	2,138,211
50 – 54세	845,256	2,365,862	4,127,441	3,869,783	3,293,360	3,431,193	2,372,801	2,382,782
55 – 59세	628,974	2,006,389	4,344,936	4,356,672	3,835,930	3,650,518	2,659,488	2,376,917
60 – 64세	518,465	1,817,056	3,390,979	4,251,044	3,819,220	3,271,102	3,423,408	2,657,079
65 – 69세	345,675	1,381,212	2,360,468	4,081,425	4,242,167	3,769,918	3,611,842	3,403,505
70 – 74세	210,394	922,213	1,797,500	3,553,487	4,038,336	3,679,905	3,184,037	3,556,524
75 – 79세	111,199	608,084	1,579,311	2,327,735	3,662,442	3,900,109	3,528,987	3,061,443
80 – 84세	–	310,114	989,081	1,522,543	2,847,005	3,359,144	3,161,209	3,202,988
85 – 89세	–	128,397	461,883	935,968	1,481,286	2,434,723	2,735,518	2,532,101
90 – 94세	–	37,139	150,897	416,401	628,834	1,273,985	1,605,989	1,700,849

| 95 – 99세 | – | 6,758 | 37,491 | 103,976 | 187,250 | 339,331 | 584,457 | 668,987 |
| 100세이상 | – | 979 | 3,879 | 13,560 | 32,690 | 55,530 | 124,339 | 146,569 |

주1) 2016년 12월에 공표한 장래인구추계 자료임.

주2) 매년 7월 1일 시점 자료임.

주3) 작성대상 인구는 국적과 상관없이 대한민국에 상주하는 인구임.(외국인 포함)

주4) 1960~2015년까지는 확정인구이며, 2016년 이후는 다음 인구 추계시 변경될 수 있음.

출처 : 국가통계포털, 성 및 연령별 추계인구(전국, 1960-2065), 통계청, 2018.

    1960년은 전체 인구가 2천 5백 만 명 정도였으며 80세 이상 노인 통계가 없다. 2000년에 한국 인구는 4천 7백 만 명으로 증가했으며 65세 이상 인구보다 유년, 청소년, 청년층 인구가 절대적으로 많다. 그런데 현재 시점(2018년)은 유년 인구가 줄었고 45세부터 64세까지 인구가 많다. 이미 80세 이상 인구가 1백만 명이 넘은 상태다. 그런데 2030년은 55세 이상 인구가 크게 증가하고 2040년은 65세 이상 인구가 늘며 2050년 이후부터는 19세 이하 인구는 눈에 띄게 줄어든 반면 65세 이상 인구는 매우 늘어난 상태다. 이때부터는 80세 이상 인구도 현재 시점과 비교가 안 될 정도로 증가하며 100세 이상 인구도 12만 명을 넘는 상황에 이른다.

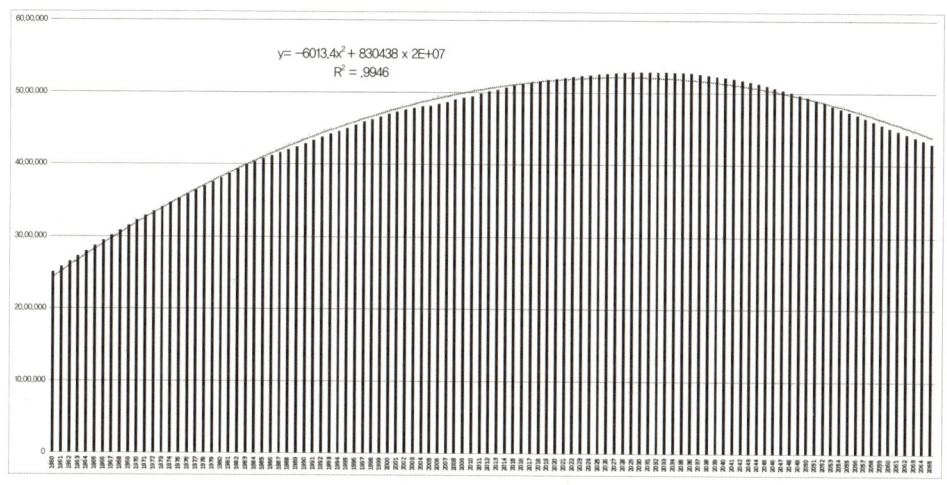

〈그림 2〉 전국 연령별 추계인구(1960-2065년)

1960년부터 증가하던 인구는 2035년을 기점으로 감소로 돌아선다(막대그래프의 곡선은 추세선, 2차 다항식). 만약 저출산 고령화가 그 전에 더 심해지면 감소 시점이 빨라진다. 이미 감소 시점이 당겨진다는 우려가 있다.

〈그림 3〉 전국 연령별 추계인구(80-84, 85-89, 90-94, 95-99, 100세 이상)

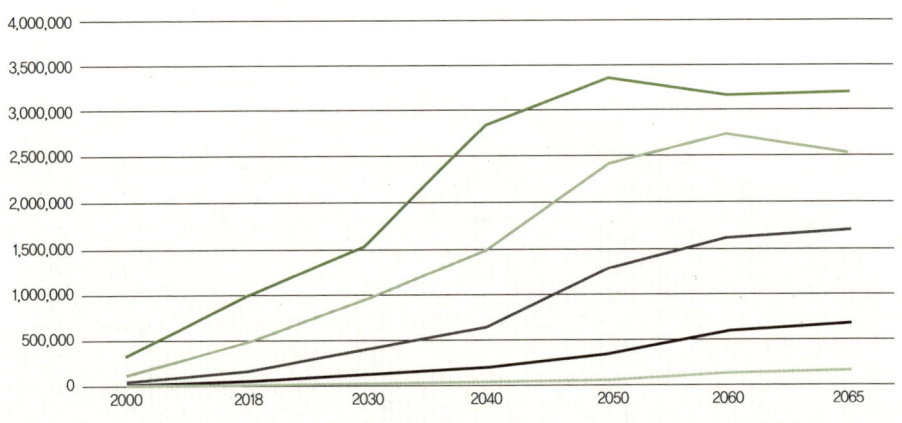

고령층(80세 이상) 인구는 2030년부터 크게 증가하며 2050년은 모든 고령층 연령대에서 늘어난다고 볼 수 있다. 고령자 인구가 증가하면 당연히 초고령자 인구도 늘어나는데 이 때 가장 삶에서 중요한 문제는 "건강"이다. 상당히 설익은 예상이지만, 건강에 관한 산업은 앞으로 더 크게 확대될 것이다(그래프 네 개는 직관적으로 이해를 돕고자 그린 것이다).

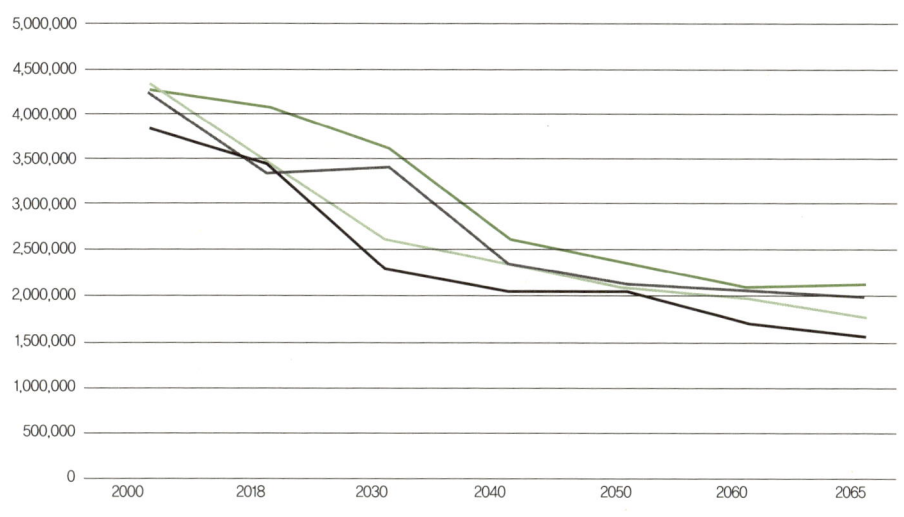

〈그림 4〉 전국 연령별 추계인구(20-24, 25-29, 30-34, 35-39세)

고령층 인구 추세와 다르게 청년층 인구는 이미 감소하고 있으며 조만간 더 큰 폭으로 줄어든다(그래프 네 개는 직관적으로 이해를 돕고자 그린 것이다). 그렇기 때문에 현재 청년층의 노후 대비 문제 등은 개인적으로 국가적으로 가장 중요한 고민거리라고 할 수 있다. 청년층이 취업해서 은퇴하는 중년(50세 전후)에 어떤 일을 하는지는 이후 삶을 결정짓는다고 볼 수 있다. 그 일이 재취업 또는 창업에 관계없이 무엇을 해서 먹고 사는지 진지하게 고민해야 한다.

아직 먼 미래이기 때문에 제시한 표나 그래프와 같이 될지는 미지수이지만, 출생과 사망은 커다란 변수가 없으면 그 예측이 정확한 편이다. 만약 이렇게 된다면 저출산 고령화 사회를 대비해서 창업 업종도 한번쯤 고려할 필요가 있다. 창업이 아닌 "일상"에서 대비하려는 자세를 가져야 하고 일정 부분 경각심을 가지고 대비할 문제다.

• Chapter 05 창업업종 •

Power Tip

창업에서 저출산 고령화 추세를 자세히 설명할 필요가 있는지에 대해 여러 의견이 있을 수 있다. 그런데 이는 가장 장기적으로 시장 상황에 영향을 주는 필수 조건이다. 현재 청년층이 중년층이 될 때, 노년층이 될 때 시장 상황이나 유행을 예측할 수는 없지만 개인이 살아가는데 필요한 연금, 보험, 저축, 투자 등을 합리적으로 생각할 때 한번쯤 고려해야 한다.

Memo

제6장
창업기획서와 마케팅 전략

"일의 성공을 위해 필요하다면,
종래의 어떤 조직이라도 개혁하고 어떤 방법이나 이론까지도 폐기할 각오를 갖지
않으면 안 된다."
- 포드(기업가)

■ 들어가기

문서 작성을 잘 하려면 많은 노력과 시간이 필요하다. 읽는 사람이 쉽게 이해하도록 쓰는 여러 가지 요령을 알아보도록 한다. 특히, 창업(사업)기획서를 만드는 것은 명확성과 구체성을 바탕으로 여러 가지 사항을 적용해 쓰는 방법을 살펴보도록 한다.

마케팅은 매우 폭넓게 사용하고 실제적이다. 시장을 항상 주시하고 적합한 전략을 세워야 한다. 소비자를 중심으로 다양한 마케팅 이론을 배우고 최근 자주 활용되는 온라인 접근 방법에 대해서 학습하도록 한다.

■ 생각해보기

1. 가장 기억에 남는 문서 작성 경험은 무엇인가?
2. 사업 계획을 타인에게 설명할 때 어떻게 전달할 것인가?
3. 스스로 마케팅을 해본 적이 있는가?
4. 자신이 관심 있는 시장 영역은 어디인가?
5. 어떤 SNS에 주로 접속하는지, 하지 않는다면 그 이유는 무엇인가?

제6장

창업기획서와 마케팅 전략

 사업기획서와 마케팅은 창업에서 실질적으로 가장 중요한 부분이다. 사업기획서는 정부 지원을 받을 때 필수적으로 제출하고 발표해야 하는 자료다. 마케팅은 창업 직후 어떤 제품이나 서비스를 누군가에게 알리는 행위를 말하는데 저절로 사람들끼리 아는 단계까지 이르도록 하는데 필요한 전략이다.

제1절 문서 작성 요령과 사업기획서 만들기

1. 문서 작성 요령 : 쉽게 읽도록 쓰기

 문서 작성 요령은 사람, 프로그램마다 다르고 매우 광범위하다. 그렇지만 사업기획서뿐만 아니라 전반적인 문서 작성에서 주요한 내용을 정리하면 아래와 같다.

 ① 제목 정하기 : 아이디어 함축

 기본적으로 모든 문서에서 "제목" 정하기가 매우 중요하다. 제목은 문서 전

• Chapter 06 창업기획서와 마케팅 •

체에서 차지하는 비중이 절반 정도로 사람의 첫인상이다. 내용이 훌륭해도 읽는 사람이 제목에서 관심을 가지지 않으면 무용지물이다. 문서 작성에서 제목은 가장 먼저 적으면서도 최종 마무리 직전까지 바뀔 수 있다는 점을 명심해야 한다. 사람들이 제목을 가장 먼저 적은 다음 내용을 쓰고 문서 작성을 끝내는 일이 대다수다. 그런데 제목과 내용이 불일치하거나 안 맞는 경우도 많다. 이런 현상이 나타나는 이유는 내용을 쓰다 보니 자신이 가지고 있는 생각과 달라졌기 때문이다. 또는 제목을 지을 때 최초 생각과 내용을 마무리할 때 드는 생각이 조금 달라져서 서로 안 맞는 경우다.

제목을 정할 때 읽는 사람이 누구인지 떠올려야 한다. 상대방이 관심을 가질 만큼 간결하고 정확하게 표현해야 한다. 물론 형식이 완전히 정해진 "공문서", 조건이 완전히 정해진 문서일 때는 제목의 비중이 줄어든다. 그렇지만 제목은 맨 앞에 쓰는 큰 제목만이 아니라 "중간 제목"이나 "소제목"도 연결된다. 공문서도 "붙임, 첨부"에서 어느 정도 유연하게 내용을 쓸 수 있는데 이때는 제목의 역할이 크다.

창업에서 제목은 사업기획서의 제목일 수도 있지만 제품이나 서비스의 명칭이 될 수도 있다. 그러한 결과물을 대하는 고객은 명칭을 먼저 인식하고 그것을 이용한다는 점에서 문서 작성자의 입장과 다르다. 작성자는 제목을 정하고 내용을 쓰는 반면, 고객은 명칭(제목)을 먼저 보고 내용에 관심을 둔다.

제목은 문서 성격을 잘 드러내주는 역할이다. 제목에서 목적과 범위를 어느 정도 알 수 있어야 내용이 어떤 방향으로 가려는지 이해할 수 있다. 물론 제목만으로 읽는 사람에게 명확하게 전달하지 못하는 경우도 있다. 이때는 부제목을 정해서 제목을 더 명확하게 표현할 수 있다. 만약 문서의 양이 길고 차례(목차)가 많을 때는 제목이 부제, 중간 제목, 소제목을 모두 포괄할 수 있도록 적어야 한다.

② 목차 세우기 : 논리성 갖추기

제목을 정했으면 전체 구성의 체계를 "목차"를 활용해서 잡아야 한다. 문서의 양이 많을 때는 목차를 먼저 보고 그 부분을 골라서 읽는 사람이 많다. 이에 목차는 처음부터 마지막까지 문서의 흐름을 결정하는 중요한 부분이다. 만약 사업기획서 작성에서 어느 정도 목차가 정해져 있거나 "빈칸"을 채우는 형태로 적어야 한다면 그 정해진 목차나 빈칸이 이미 논리적으로 연결되어 있다는 의미다. 이런 경우는 정해진 대로 내용을 맞춰서 적어야 한다. "질문에 정확하게 답하는" 느낌을 가지고 글을 쓰면 된다. 목차는 서로 겹치는 것도 없고 빠진 것도 없어야 한다. 만약 중복과 누락이 없다면 무엇을 가장 중요하게 또는 먼저 보여줄지 생각해야 한다. 이른바 우선순위를 고민해야 한다.

③ 항목 구분하기 : 가독성 높이기

제목과 차례가 정해졌다면 항목을 구분해서 문서를 작성해야 읽는 사람이 편하다. 그냥 글을 늘어지게 쓰는 것보다 항목을 구분하면 효율적으로 읽을 수 있다. 번호, 부호 등을 사용하는 방법이 가장 일반적이다. 만약 번호나 부호를 사용할 정도로 문서가 길지 않다면 문단 구분(들여쓰기)을 확실히 해야 한다. 또한 다른 사람의 말이나 내용을 그대로 인용할 때는 더 뚜렷한 표시를 사용해서 눈에 띄면 읽는 사람이 편하다. 이런 원리는 모두 가독성을 높이는 편집으로 글자 크기, 색상, 모양 등은 여러 차례 검토가 필요하다.

④ 정리하기 : 시각화하기

읽는 사람 눈높이에 맞도록 창업자 스스로 자료를 표, 그림, 그래프 등으로 정리해두면 급할 때 이용하기 매우 쉽다. 시각화를 잘 한다는 의미는 그만큼 자료를 많이 알고 있다는 뜻이다. 간단명료하게 정보를 시각화하려면 문장을 나열하기 보다는 한 가지의 그림이나 표로 정리할 것, 핵심 단어를 설명할 수 있는 이미지를 찾을 것, 너무 기술적으로 잘 표현하려고 애쓰다보면 내용이 묻히는 경우를 주의해야 한다. 만약 수치가 많이 포함된 표라면 귀찮더라도 잘못된 글자가 있는지 꼼꼼하게 확인해야 실수를 막을 수 있다.

이렇게 시각화 정보를 활용할 때는 이를 설명하는 문장을 잘 작성해야 더 이해가 빠르다. 그 때 주의할 사항은 정확한 문장 사용하기, 감정이나 의견이 아닌 사실적으로 적기, 긴 문장을 짧게 줄이기, 부정문보다 긍정문으로 작성하기, 수동태가 아닌 능동태로 쓰기, 중복을 방지하기, 어려운 전문용어는 설명을 덧붙이거나 일반용어로 풀어쓰기, 인용 출처를 밝히기 등이다. 이러한 주의 사항은 한 번 읽어서는 다 찾을 수 없으므로 반복해서 읽거나 읽을 수 있는 사람에게 부탁할 수 있다.

⑤ 퇴고하기 : 마지막까지 고치기

모든 글을 다 쓰면 반드시 교정 등을 거쳐야 한다. 이러한 과정을 퇴고하고 하는데 바쁘게 글을 쓰다보면 귀찮아서 퇴고 없이 마무리하는 일이 많다. 누군가에게 공식적으로 보여주는 글은 최대한 틀리거나 빠진 글자가 없어야 하며 심각하게 잘못된 문장이 없도록 노력해야 한다.

올바른 문장을 작성하기 위해 지켜야 여러 가지 원칙이 있다. 창업과 기업가정신에서 이런 것을 왜 배워야 하는지 의문을 가질 수 있다. 그런데 정부의 사업이나 프로그램 등의 지원을 받으려면 사업기획서 등 문서를 작성하는 일이 흔하다. 정부의 사업이나 프로그램에 적힌 각종 공문서를 이해하는데 배우면 쓸모가 있다. 만약 문장 자체가 이해가 안 되면 말로 이야기를 듣기 전까지 의사소통이 안 된다. 발표를 들을 기회가 있으면 괜찮지만 종이에 적힌 내용만 보고 판단해야 하는 경우는 서로 잘못 이해할 수 있다. 이에 올바른 문장 작성법은 알아둘 필요가 있다.

① 주어와 술어를 일치시킨다.
한 문장이 완전한 내용을 나타내려면 주어와 서술어가 갖추어져야 한다. 한국어는 주어가 생략되는 경우가 많이 있지만 아무 때나 생략해서는 안 된다. 긴 문장을 만들다 보면 주어와 서술어의 거리가 멀어져 둘 사이의 호응관계를 파악하기가 어렵다.

② 습관적인 피동형 표현은 피한다.
'~하다'로 써도 될 곳에서 '~되다'와 같은 피동형을 쓰거나 '되어지다,' '보여지다' 와 같이 피동형을 겹쳐 쓰는 것은 잘못이다. 가능하면 능동형으로 쓰는 습관을 가져야 한다.

③ 완전한 문장을 쓴다.

문장의 필수성분을 생략하지 않는다. 축약기능이 뛰어난 한자말의 영향으로 지나치게 문장성분을 생략하는 경우가 많아서 의미전달이 제대로 안 되는 경우는 풀어쓰기가 알맞다.

④ 짧은 문장으로 쓴다.

문장은 짧고 단순해야 이해가 쉽다. 길고 복잡한 문장은 내용별로 단락을 지어 문단으로 나누고 각 문단은 여러 개의 짧은 문장으로 쓴다. 문장을 여러 개의 짧은 문장으로 나누는 요령은 한 문장에는 한 가지 개념만 서술한다. 문장 길이를 50자 전후에서 나눌 수 있는 곳이 없는지 본다. 삽입된 내용은 따로 한 문장을 만든다. 긴 문장의 인용은 별개의 문장으로 분할한다.

⑤ 우리말로 쓴다.

한자말은 축약에 장점이 있는 반면 우리말은 풀어쓰기에 초점이 있다. 명사적 표현의 문체 특성은 정적이고 추상적이며 딱딱한 표현을 사용이며 동사적 표현의 특성은 동적이고 구체적이며 부드러운 표현을 사용한다. 조사를 생략하고 명사만 나열한 문장은 우리말답지 않다. 가능한 우리말의 토씨(조사)를 살려서 분명하고 객관적으로 표현한다. 무의식적으로 사용하지만 가능하면 일본말투의 표현을 삼간다. 대표적인 것으로 "~ 대하여", "~의"는 남용해서 쓰지 않는다.

순화 대상 용어	순화된 용어만 사용
가납(假納)	임시 납부
가압류(假押留)	임시 압류
건폐율(建蔽率)	대지 건물 비율
경료(經了)	(등기 등록)을 마치다
게첨(揭添)	붙임(문서 등을 첨부)
과오납(過誤納)	잘못 낸 돈
구상(求償)	배상을 요구
귀책사유(歸責事由)	책임 있는 이유
기(旣) 제출	이미 제출
금월(今月) / 금일(今日)	이달 / 오늘
기부채납(寄附採納)	기부받음 / 기부받기
납기도래(納期到來)	(세금) 납기일이 다가옴
발의(發議)하다	의견을 내다
발주(發注)하다	주문하다
복명(復命)하고	(~ 결과를) 보고하고
복토(覆土)	흙으로 (땅 등을) 덮기
상신(上申)	(결재를) 올린,
응소(應召)	(민방위 등) 소집에 응하다
이첩(移牒)	넘기다
익년(翌年)/익월	다음 해, 다음 달
적치(積置)	(물건 등을) 쌓아 둔
제세공과금(諸稅公課金)	각종 공과금
품의서(稟議書)	건의서

출처 : 의정부시청. 고객을 최우선으로 생각하는 행정인을 위한 가이드 – 공용문서 바로쓰기.

우리말로 바꾸어 쓰자는 취지는 공감하지만 아직도 오른쪽 용어만큼 왼쪽에 나열한 용어도 많이 사용한다. 그러니 알아두어야 한다.

⑥ 정확한 문장을 쓴다.

문맥에 알맞은 용어를 골라 쓴다. 논리적으로 맞지 않거나 부자연스러운 단어나 표현은 논리적이고 자연스런 표현으로 바꾼다. 흔히 잘못 쓰기 쉬운 용어를 아래와 같이 정리할 수 있는데 주로 행정 문서나 실무에서 찾아볼 수 있다.

> "결제"는 거래를 끝내는 행위, "결재"는 안건을 검토해 허락한다는 의미다.
> "계발"은 사람의 능력을 향상하는 행위, "개발"은 물건이나 생각을 발전하게 할 때 사용한다.
> "교체"는 사람이나 사물을 바꾸는 것, "교환"은 서로 바꾸어 사용한다는 의미다.
> "일절"은 "아주", "일체"는 "모든 것"을 말한다.
> "제고"는 수준이나 정도를 높인다는 뜻, "재고"는 다시 생각한다는 뜻이다.
> "주관"은 어떤 일을 책임지고 실무를 맡아 "관리"한다는 의미, "주최"는 어떤 행사나 모임을 계획하거나 최종 결정을 "책임"진다는 말이다.
> "참고"는 살펴서 생각하고 "참조"는 비교 대조의 의미다.
> "부문"은 일정 기준에 따라 분류한 범위, "부문"은 전체를 이루는 작은 범위다.
>
> 출처 : 윤영돈, 글쓰기신공, 경향미디어, 2017.

위에서 배운 각종 용어는 정부에 관련된 문서를 작성하는데 알아두면 쓸모가 있다. 일본어 어투를 되도록 사용하지 말자는 취지는 동감하나 아직도 "여전히" 자연스럽게 사용되는 표현이 많다.

Power Tip

읽는 사람이 쉽게 쓴다는 의미는 무조건 글을 쉽게 쓰라는 것이 아니다. 전문성이 높은 분야는 쉽게 쓰고 싶어도 분명히 한계가 있다. 누군가 문서를 읽고 창업자(제안자)가 설명을 해주면 이해할 수 있을 정도로 작성하는 뜻이다. 만약 설명을 해야 한다면 예를 풍부하고 적절하게 들어야 읽는(듣는) 사람이 더 쉽다.

2. 창업기획서 만들기 : 명확성과 구체성

정부에서 창업 지원할 때 창업기획서(이하 사업계획서) 심사 기준으로는 "창업자의 경력, 창업자의 전문성, 창업팀 구성, 회사 외부 인적 구성, 명확한 목표 설정", "차별화 수준", "시장 수요예측", "안정적 수요", "가격 경쟁력"은 공통 사항이다. 특히, 기획서 작성에서 읽는 사람이 명확하게 이해하고 구체성으로 내용이 적혀 있다는 인상을 받는 것이 대전제다. 사업기획서는 창업자 자신과 측근(동업자 해당), 심사할 사람들이 읽는 문서로 상당히 목적성이 강해야 한다. 즉, 아래와 같은 세 가지 원칙을 항시 살펴야 한다.

Power Tip

사업기획서 (작성)지원 목적 : 왜 지원했는가?
사업기획서 진행 방법 : 어떻게 사업을 할 것인가?
사업기획서에서 원하는 제품이나 서비스 : 목적에 따라 진행했을 때 결과물은 무엇인가?

많은 사람들이 사업기획서를 신속하게 작성하려는데 많은 관심을 기울인다. 어떤 사업이나 프로그램을 확인하고 도움이나 지원을 받고자 하면 "사업기획서"

• Chapter 06 창업기획서와 마케팅 •

를 마감 기한 내 작성하려고 많은 노력을 기울인다. 그럴 때 조급만 마음에 자신이 실제 잘 하는데도 불구하고 기획서 작성을 제대로 못해서 아깝게 기회를 놓친다.

기획서를 처음부터 거창하게 생각하면 1장을 제대로 작성하기가 어렵다. 다른 사람이 생각하지 못한 상상력이나 창의력을 활용한 내용을 쓰려고 한다. 물론 그것도 중요하지만 훌륭한 문서를 만드는 능력이라고 해야 더 적합하다. 어느 정도 요령을 알고 있으면 원래 자신이 희망했던 대로 잘 적을 수 있다.

원래 기획서는 고정된 형식이 없지만 "정부 지원을 받는 경우"는 그 형식에 최대한 맞춰야 "형식적"인 서류 심사를 통과할 수 있다. 아무리 짜증나고 답답한 문서 양식(형식)이라고 해서 임의대로 만들면 정상 접수조차 되지 않는다. 혼자 창의력을 발휘해서 아이디어를 정리한다면 메모지, 백지장, 이면지 등에 그리거나 쓰면 된다. 하지만 정부에 제출하는 사업기획서는 철저하게 정해진 형식에 맞춰야 한다.

사업기획서는 건물을 만드는 원리다. 일단 설계도를 작성하듯이 내가 어떤 내용을 반드시 기획서에 적어야 할지 "스케치"는 해야 한다. 위에서 제시한 세 가지 원칙에 딱 들어맞는지 여부를 항상 염두에 두어야 한다. "왜 여기에 지원했는가?"는 창업가의 가치관이나 기업가정신을 명확하게 표현할 수 있는 물음이다. 정부의 창업 관련 사업의 기본적인 목적은 "무언가를 주려고 하는 것"이다. 그렇기 때문에 명확하게 목적(지원 이유)을 밝히지 못하면 그만큼 주고 싶어도 줄 수가 없다. 무작정 글을 쓰려기 보다 자신의 생각을 솔직하고 담담하게 적는 시간이 필요하다. 누가 옆에서 글을 한 번에 못쓴다고 면박을 주는 것도 아니니 처음에는 "손"으로 "그림"을 그린다는 느낌으로 적어보기를 바란다.

요즘은 다른 사람의 아이디어나 자료가 워낙 많아서 자칫 처음부터 다른 사람이 적었던 사업기획서를 살펴보기 시작하면 정작 나의 아이디어와 혼동될 수도 있다. 그렇기 때문에 처음에 지루하고 답답할지라도 혼자만의 시간을 가지고 생각을 정리하는 일이 반드시 필요하다. 결국 기획은 자기 생각을 정리하고 그것을 논리적으로 뒷받침하는 근거를 찾는데 있다.

"어떻게 사업을 할 것인가?"는 창업자가 가장 잘 아는 내용이다. 여기서 사업이란 "제품이나 서비스를 만드는 실제 과정"을 말한다. 사업기획서를 읽거나 이에 대한 설명을 듣는 사람이 이해하고 수긍할수록 잘 작성한 사업기획서라고 할 수 있다. 혼자만의 독창적인 아이디어라면 사람들에게 쉽게 이해할 수 있도록 설명할 수 있을 정도로 명료해야 한다.

> **Power Tip**
>
> 설명서를 보고 혼자서 무언가를 만들 수 있듯이, 듣는 사람이 "단번에 잘 할 수 있도록" 작동(조작) 방법을 가르쳐주었을 때와 같은 느낌이 들수록 좋은 사업기획서다.

목표를 분명하게 만드는 조건으로 구체성, 측정 가능성, 달성 가능성, 결과

• Chapter 06 창업기획서와 마케팅 •

지향성, 달성 여부가 있다. 사업기획서 목표가 구체적일수록 당연히 유리하며 수치 등으로 측정 가능할수록 검증할 수 있다는 의미이므로 믿음을 줄 수 있다. 달성 가능성은 제품이나 서비스로 만들 수 있는지에 관한 사항이다. 획기적인 아이디어인데 결과물로 만들지 못하면 의미가 없다. 결과 지향성은 목표가 결과물에 잘 적용되었는지에 관련된 내용이며 시간(기간) 내에 달성할 수 있을지가 중요하다. 예를 들어, 창업 교육을 받는다면 교육 기간 내에 시제품(시연 가능한 제품)을 만들 수 있는지가 관건이다.

사업기획서는 계획대로 실행하고 검토했을 때 제품이나 서비스를 만들 수 있다는 흐름으로 전개해야 좋다. 그에 대한 개선을 심사위원이나 전문가 자문단에서 해주는 형태가 현재 창업교육(아카데미)의 핵심이다. 정부 창업 지원에 제출하는 사업기획서는 일종의 "제안서" 성격을 담고 있다. "내가 이런 사업을 구상하고 있으니 도와 달라!"는 뜻인데 이는 창업만이 아니라 영업제안, 교육제안 등에서 흔하게 나타난다. 사업기획서는 나의 아이디어가 어떻게 구체화되고 결과로 나타날지 보여주는 것인데 심사하는 전문가들이 이를 채택하도록 해야 한다는 점에서 제안서의 성격도 있다.

Power Tip

사업기획서를 많이 작성했던 사람도 사실 새로운 내용의 사업기획서를 작성하려고 하면 고민과 실수가 많다. 그러니 처음 작성하는 사람도 부담을 버리고 차분한 마음으로 "솔직히 그려보는 것"이 무엇보다 중요하다. "누가 옆에서 혼내지 않을까?" 하는 생각을 버려야 한다.

사업기획서를 제출할 때는 그 대상이 누구인지를 미리 알아야 한다. 창업에 관한 사업은 기본적으로 그 분야 전문가와 담당자(공무원 또는 공공기관 직원)이다. 전문가 입장에서는 사업기획이 실제로 잘 될지 여부, 제품이나 서비스가 실현 가능한지, 지속적으로 돈을 벌 수 있을지 등과 같은 "실질적이고 머리에 확연히 그려지는"에 관심이 있다. 약간 다르게, 담당자는 지원해주었을 때 "(자금) 회수 가능성"과 같은 행정, 제도 절차에 많은 관심을 두고 있다. 사업의 성공과 실패에 따라 지원 수준 등이 달라지기 때문에 어쩌면 이는 당연한 결과다.

창업 경험이 있거나 사업기획서를 잘 작성하는 사람이 저지르는 실수로는 자신의 지식과 경험을 과시하는 것이다. 그것은 자연스러운 현상일 수도 있는데 사업기획서를 읽는 사람이 불편함을 느끼면 결과는 좋지 않을 가능성이 높다. 전문용어를 사용하는 것이 모두에게 편하다면 당연히 사용해야 하지만 심사하는 사람이 여러 분야의 사람으로 구성되어 있다면 전문용어보다 일반용어로 풀어서 쓰는 것이 좋다. 누가 심사할지는 알기가 어렵지만 만약 사업기획서를 발표할 경우가 있다면 "쉬운 용어"로 명확하게 말하는 것이 유리하다. 이는 나와 상대방의 눈높이는 맞추는 행위로 공식적 문서나 의사소통에서 반드시 해야 한다.

매우 원초적인 이야기지만 사업기획서 작성과 사업 아이디어 구상에서 "사람들이 무엇을 원하고 필요한지"를 아는 것은 매우 중요하다. 제품이나 서비스 고객을 고려하는 것은 마케팅 전략의 핵심이다. 물론 그것은 매우 어려운 일이고 시장 상황이 달라지면 원하는 것과 필요한 것이 달라진다. 이럴 때 창업자가 생각하는 제품이나 서비스에 대해 자문자답할 수 있다. 예를 들어, 여성 또는 남

• Chapter 06 창업기획서와 마케팅 •

성, 일반인 또는 전문가, 장소, 시간, 환경(날씨 등)의 여러 가지 영역으로 나누어 보는 것이 효율적이다. 이 때 사소한 문제까지 파고들어야 미처 확인하지 못했던 것도 찾을 수 있다. 어쩌면 자신이 다 안다고 생각했지만 막상 가장 간단한 것에 답을 못하는 일도 있다.

만약 이렇게 원하는 것과 필요한 것을 다양한 영역에서 살펴보았다면 자신이 가지고 있는 차별화 전략을 사용할 필요도 있다. 나의 제품이나 서비스의 장점(독특성 또는 고유성)을 사업기획서 주요 부분에 적어야 한다.

사업기획서 작성할 때 고민은 의외로 핵심을 전달하기가 쉽지 않다는데 있다. 읽는 사람이 일목요연하게 볼 수 있는 문서를 작성하는 것은 전문가도 어려울 때가 많다. 그래서 창업을 꿈꾸는 사람은 "실제 사례와 연결하기", "문장이나 문단을 읽었을 때 얼마나 명확한지 여부", "제품이나 서비스가 어떤 이익이나 효과를 주는지"를 계속 생각해야 한다. 사업기획서는 아직 실행 전 단계를 표현하는 과정이므로 미래 시점에 발생할 일은 사실 고려하기 힘들다. 그렇기 때문에 내가 구상한 제품이나 서비스가 만들어지는 과정을 쉽게 이해할 수 있어야 한다. 그 과정을 거쳐서 만들어진 결과물을 가지고 마케팅을 실질적으로 하는 것이다.

사업기획서를 작성하는데 사소하지만 귀찮고 어려운 점은 "계속 질문"하는 행위다. "왜?"라고 스스로 묻고 답하거나 사업을 같이 하는 사람과 객관적으로 소통해야 한다. 그런데 무턱대고 질문만 하면 효율성이 떨어지기 때문에 "주요 고객은 누구인가? 어디서 제품이나 서비스를 선보일 것인가? 수량은 어느 정도

인가? 어떻게 비용을 조달하고 상환할 것인가? 시간별 계획대로 할 수 있는가? 어느 정도 구체적인 성과를 얻고 싶은가? 내가 현재 어떤 자원을 가지고 있는가? 제품이나 서비스가 실시되면 어떤 문제가 생길 수 있는가?"와 같이 누구라도 한 번 정도는 물어볼만한 질문 목록을 만들어보는 것도 좋다.

특히, 사업기획서 작성에서 가장 먼저 해야 하면서도 수시로 시간 내서 할 것은 자료 수집이다. 아무리 독창성이 있는 아이디어라도 수집한 자료에 대한 깊은 고민 없이는 더 나은 발전을 거두기가 힘들다. 요즘은 인터넷으로 수많은 자료를 쉽게 검색할 수 있지만 더 깊이 있는 자료는 문헌(책)에 있는 경우가 대다수다. 단순하게 많은 자료보다 하나의 신뢰성 있는 자료가 더 나은 것은 말할 필요가 없다. 사업기획서를 작성하는 가운데 새로운 자료를 찾을 수도 있기 때문에 수시로 수집된 자료를 살피는 일을 게을리 하면 안 된다. 여기서 자료는 "인간" 정보를 포함하며 믿을 수 있는 사람의 정보는 혼자 자료를 찾아서 공부하는 것보다 시간을 많이 절약할 수 있다.

자료를 분석해서 사업기획서에 포함할 때는 과거 지향이 아닌 현재 또는 미래 지향, 정확한 결과(수치 활용 포함), 막연한 추측이나 자신만의 생각을 고집하는 태도를 지양, 시의성 등을 언급하면 좋다. 만약 참고할 자료의 양이 많다면 부가(첨부) 자료로 활용할 수도 있고 링크를 사용해서 관심 있는 사람이 찾아보기 편하게 할 수도 있다. 이렇게 자료를 수집 가공 정리 분석하는 사업기획서는 단순한 감상문이 아니라 시장 환경을 이해하고 자신이 만들 결과물을 읽는 사람에게 보여주는 설명서다.

시장 환경을 살펴보는데 고려할 사항은 사업기획서에 수록할 내용이다. 고객 분석으로 나의 결과물을 누가, 언제, 어떻게 구매할지에 관련된 것이다. 경쟁 분석은 우리가 경쟁할 제품이나 서비스는 무엇인지, 그것의 강점이나 약점이 무엇인지 파악하는 것이다. 유통 분석은 결과물이 고객에게 가는 경로를 말한다. 이렇게 잘 가도록 만드는 행위가 바로 마케팅이다.

사업기획서의 마지막 단계는 바로 실행계획을 시간별 계획, 비용, 기타 사항을 정리하는 경우다. 먼저 시간 계획을 한눈에 보여주어야 한다. 일명 "공정표"를 작성해야 하는데 실행 가능성이 무엇보다 중요하다. 실제로 가능한 작업 일정을 세워야 스스로 지킬 수도 있고 타인이 봤을 때도 납득할 수 있다. 무엇보다 중요한 예산 확보와 배치는 창업 전반에 걸쳐 걱정이 많은 부분이다. 아무리 좋은 아이디어라도 예산이 없으면 할 수가 없고 결과물이 좋아도 비용이 너무 많이 들면 소용이 없다. 예상되는 수익과 비용, 손익분기점, 만약을 대비한 예비비까지 고려해야 한다. 창업 지원을 하는 담당자(부서) 입장에서 예산은 매우 민감하다. 사업기획서에서 비용을 적는 부분은 마지막까지 검토해야 한다. 특히, 정부 지원 사업은 국가(지방) 예산이므로 법률(제도)적으로 정해진 규정에 맞추지 않으면 아이디어나 기술이 좋아도 지원받기가 어렵다.

사업기획서에서 자신의 제품이나 서비스의 기대효과를 제시하는 단계는 거의 마지막에 해당된다. 고객이 어떤 효과 또는 만족을 얻을 수 있을지, 매출과 수익 증대, 경쟁력과 생산성 향상 등이 대표적인 기대 효과 항목이다. 기대효과도 가능한 예측해서 수치로 표현하면 읽는 사람이 이해하기 쉽다. 특히, 실현될 만한 미래 모습을 적어야 하는데 현재 시점부터 차근차근 미래 시점으로 설명하는 흐름이 가장 일반적이다.

사업기획서 작성에서 점검할 세 가지는 "누구에게 전달하는 것인가?", "빠르게 작성할 수 있는가?", "쉽게 이해할 수 있는가?"로 매우 쉬운 질문이지만 전문가들조차 쉽지 않다. 특히, 창업과 같은 실무 영역의 사업기획서에서는 "품질은 어떤가?", "원가는 얼마인가?", "마감시한을 지킬 수 있는가?"라는 경제성 논리에 초점을 두어야 한다(윤영돈, 2017).

사업 추진 계획은 아래의 사항(청년창업사관학교, 2018)을 참고해 10페이지 이내로 작성한다고 했을 때 어떻게 해야 할지 생각해보도록 한다.

사업화 과제명	→ 제목을 쓰는 곳이므로 마감 제출 전까지 고민하기

1) 제품(서비스) 개요 → 주어진 두 가지 항목을 일목요연하게 적기

(1) 주요 기능 및 특성

(2) 제품(서비스) 용도 및 필요성

2) 기술성 → 〈그림, 사진, 도면 등〉을 사용해 구체적으로 적을 것
　　　　　→ 가독성을 고려해서 적어야 읽는 사람이 편리

---

(1) 개발기술(제품 및 서비스)의 개략도 (그림·사진·도면 등 사용)
* 최종 제품(서비스)의 전체 시스템 구성도 및 세부 구조(절차) 등 기술

(2) 기존 제품(서비스) 대비 차별성, 우위성, 응용 가능성

① 핵심기술 확보 내역 및 차별화 요소

② 경쟁기술(제품) 대비 기술 우위 내역

③ 기술적 장애요인 및 해결 방안

---

3) 전문성 → 전문 분야, 경력, 아이템 연관성 등에 적합하게 적기
　　　　　→ 추진 계획은 공정(시간)표 세우는 요령으로 적기

---

(1) 사업 신청자의 전문성 (공동 창업하는 경우에는 팀의 전문성 기재)

① 사업 신청자의 전문 분야 및 보유 경력, 사업 아이템과의 관계

② 프로젝트 수행 경력

③ 향후 2년간 사업 단계별 추진계획 (2년과정만 해당)

4) 제품(서비스) 개발, 창업 및 사업신청 동기
 → 개발, 창업(신청) 동기를 구분해서 아래 칸에 적기

5) 사업성 및 성장 가능성
 → 시장분석이므로 (틀리거나 다를 수 있지만) 꼼꼼하게 적기

(1) 국내·외 관련 기술(제품) 동향, 경쟁사 현황

① 국내·외 관련기술(제품)의 개발현황과 문제점, 향후 발전 전망

② 유사기술(제품)을 제공하는 경쟁사의 현황 및 당사의 강·약점

(2) 시장의 성장성 및 진입 가능성

① 예상 고객 및 판매처, 예상 시장의 규모 및 예측수요

② 가격경쟁력 보유

(3) 판매전략 및 마케팅 방안

① 제품 홍보 및 판매 방법, 수익창출(매출확보) 방안

② 시장에서 성공하기 위한 결정적 요소

6) 해외시장 진출 전략

→ 해당 사항이 없어도 빈 칸(공란)으로 제출하지 말고 최대한 쓰기

(1) 해외시장 이해 및 기초 역량
* 해외시장 기초정보, 고객 및 시장 정보 보유

(2) 수출마케팅 실행 역량
* 수출마케팅 인력 보유 현황 및 온·오프라인 마케팅 활용 수준

> **Power Tip**
>
> 기획서에 질문과 양식이 확정된 경우는 "빈 칸"이 없도록 내용을 채워야 한다. 빈 칸을 그대로 두고 제출하면 사실상 기획서 제안을 "포기"하는 것으로 간주한다. 정말 쓸 내용이 없다면, 다른 부분에서 적었던 내용이라고 잘 다듬어서 적기를 바란다.

제2절 마케팅 전략

1. 시장 전략 : 항상 주시하기

기업의 전략은 셀 수 없을 정도로 다양하다. 기본적으로 시장은 기술보다 상

품을 원하며 세계적 수준과 자기 수준을 파악해서 아이디어를 구상, 철저한 시장 분석으로 사업 기회 포착, 시장을 직접 눈으로 확인하는 습관, 사업 계획의 명확성, 투자자는 기술을 사는 것이 아니라 제품을 사는 것이라는 점을 명심, 단계별 투자 자금의 정확한 추청, 상품 판매와 현금 흐름은 시차가 있다는 사실을 인식하기, 인재확보 전략 수립과 실행, 창업할 때 구성원과 새로운 구성원 관리, 상시적 조직 변화, 잘 하는 것만 집중하기, 객관적 시장 평가와 조직 내부 관리 등이 중요하다. 어떤 전략이더라도 항상 시장을 주시한다는 점은 불변이다.

- 생산비용 절감
- 낮은 가격으로 소비자가 구매하도록 하기
- 우수한 제품 공급
- 틈새 발견
- 경쟁 회사 모방
- 제품이나 서비스의 최적화 지향
- 고가(high price) 전략
- 지켜보기(관망하기, 신중한 자세)
- 일용품(바로 쓰는 물건)으로 다수 시장 진입
- 가격경쟁력으로 대규모 고객 겨냥
- 다양한 제품 공급으로 조절하면서 성장
- 소수 시장에서 제한적 성장
- 지속적 브랜드 홍보 등으로 안정적 성장
- 기술력 확보
- 상시적 구조조정
- 잘 하는 것만 집중하고 나머지는 외주

창업 대상(제품이나 서비스) 선정은 창업 준비 과정에서 매우 중요하다. 만약 그 대상을 잘못 선정하면 그만큼 시간, 비용, 노력을 낭비한다. 어떤 것을 골라야 한다는 정답은 없지만, 창업 초기에 피할 제품이나 서비스는 "제품 수명이 짧은 것, 이익 회수 시간이 오래 걸리는 것, 많은 인력이 필요한 것"이라고 볼 수 있다.

특히, 사업 전략에서 항시 고민할 사항은 Plan B를 준비하는데 있다. 내가 생각한 최상의 것이 반드시 이루어진다는 보장이 없고 상대방 마음에 안 드는 경우도 있다. Plan B는 최상의 계획이 성공하지 못할 때 진행할 계획이다. 이른바 차선책을 말한다. 차선책의 준비는 그만큼 아이디어도 풍부하다는 의미고 돌발 상황에서 대처할 수 있는 능력도 기를 수 있다.

2. 마케팅 방법 : 소비자 중심의 온오프라인 접근

마케팅은 경영학에서 필수 과목이면서 사업 영역에서 가장 널리 활용되는 학술적·실용적 내용이다. 이 책에서 마케팅을 한꺼번에 적기는 불가능하지만 창업에서 알면 도움이 되는 부분을 중심으로 정리할 수 있다.

이미 이 뜻은 모르는 사람이 없을 정도지만 "소비자 중심 관점"에서 마케팅 전략을 개발해야 한다. 소비자 중심의 관점은 제품 중심이 아니라 소비자의 심리적, 정서적 효과를 포함한다. 이 때 창업자는 "소비자를 위해서 무엇을 더 해야 할까?"를 고민해야 한다. 창업자는 소비자의 욕구를 파악하고 그 수요에 맞춰서 스스로 변해야 한다. 소비자의 구매력과 구매심리가 무엇보다 중요하며 "이미지"가 제품이나 서비스 선택을 결정짓는다.

고객관리의 방법은 천차만별인데 새로운 소비자 확보, 중요한 소비자(단골) 유지, 놓친 고객을 다시 찾는 방법, 기업 자체의 성장이라고 볼 수 있다. 창업했다고 해서 소비자가 스스로 찾아오지는 않는다. 이미 창업해서 활동하고 있는 수많은 기업이 모두 경쟁자다. 이에 자주 사용하는 SWOT(강점, 약점, 기회, 위협)를 분석하는 방법은 쉽고도 분명하게 자신과 환경을 살펴볼 수 있다. 문제가 생겼을 때 빠르게 대응하고 오프라인에서 개인적으로 다가가는 전략도 넓은 의미에서 마케팅에 해당된다. 인터넷으로 24시간 소통이 가능한 상황에서 다차원적 메시지(연결 통로) 활용, 소비자 중심의 콘텐츠를 찾는데 시간을 아끼면 안 된다(필립 코틀러, 2017).

창업은 타이밍(timing, 때)을 잘 맞춰야 한다. 시장에 진입할 시기를 찾는 단서로 제품수명주기가 있다. 제품수명도 사람의 생명과 마찬가지로 도입, 성장, 성숙, 쇠퇴기를 거친다. 창업자는 시장에서 거래되는 상품이나 서비스의 생명주기에 관심을 기울여야 한다. 만약 내가 A라는 제품을 출시하고 싶은데 그와 유사한 제품이 성장기나 성숙기에 있다면 제품은 팔릴 수 있지만 그만큼 경쟁이 치열하다. 시장 상황과 제품 수명 등을 살피려는 노력을 게을리 하면 안 된다.

아래 분석 방법은 주로 오프라인 시기에 주장된 분석 방법이지만 온라인 마케팅에서도 여전히 유효하다.

① PEST 분석
PEST(Political, Economic, Social, Technological)의 약자로 거시적인 환경을

분석하는 방법이다. 정치적 요소, 경제적 요소, 사회적 요소, 기술적 요소에 자연환경과 인구 통계적 요소를 더할 수 있다. 이는 시장 환경 분석과 관련도 있는데 기업 환경, 소비자 환경, 경쟁 상황을 여러 차원으로 검토해 해결 방안을 찾는다.

② 5-Forces 모델

산업이 이익을 창출할 수 있는지를 결정하는 5가지 요인으로 분석한다. 기존 경쟁자 간 경쟁, 대체 제품이나 서비스의 위협, 가격을 낮출 수 있는 구매자 협상력, 경쟁자 등장 등의 신규 참여자의 위협, 재료 가격을 인상할 수 있는 공급자 협상력의 다섯 가지를 파악하는 방법이다.

③ 3C분석

고객(customer), 경쟁사(competitor), 자사(corporation)을 중심으로 분석하는 기법이다. 이는 회사 제품을 주로 이용하는 고객을 분석한다. 고객은 시장 규모, 성장 가능성, 욕구, 시장 변화 등이 해당된다. 경쟁사는 그 회사의 약점, 성공 요인 등을 파악한다. 자사 분석은 주요 제품, 매출, 기술력이 해당된다.

④ 이해관계자 분석

기업과 관련된 내부 · 외부 이해관계자의 관계를 살펴보는 방법이다. 이미지 개선, 고객 만족도 제고, 경쟁력 강화 기법이 해당된다. 다양한 이해관계자가 서로 충돌할 때, 서로 원하는 것을 두고 경쟁할 때 활용할 수 있다.

⑤ SWOT 분석

기업의 외부 환경과 내부 역량을 평가하는 방법으로 가장 널리 활용하고 있다. 내부 역량에서는 강점과 약점, 외부 환경에서는 위협과 기회가 해당된다. 먼저 자기 회사의 강점과 약점을 파악한다. 그 다음 환경에서 회사에 관련된 기회와 위협을 살펴본다. 네 가지를 검토해 목표 달성에 필요한 과제를 선정한다. 그리고 선정된 과제를 달성할 수 있는 세부 계획을 만든다.

기본적으로 마케팅 전략은 시장을 세분화하고 기업의 전략 대상을 정해서 소비자 마음에 들도록 할 것인지를 말한다. 그 단계로 첫째, 시장 세분화 기준을 정한다. 둘째, 기준에 따라 세분화된 시장을 분석한다. 셋째, 표적 시장을 선택한다. 넷째, 경쟁우위분석 또는 상품을 위치(positioning)시킨다. 마지막으로 결과를 평가한다.

시장세분화는 특정 제품에 대한 태도, 의견, 구매 행동을 고려해 비슷한 성향을 가진 집단끼리 묶는 것이다. 성별, 심리, 지리 등이 기준이 될 수 있다. 표적시장 선택은 고객 욕구의 다양성을 바탕으로 하는 차별화, 널리 누구나 알 수 있게 하는 보편화, 특정한 곳에 초점을 주는 집중화 전략이 있다. 포지셔닝(상품의 위치)는 소비자의 마음에 차지하는 수준을 말한다. 소비자 머릿속에 "이 제품은 좋다"라는 생각이 든다면 포지셔닝이 되었다고 볼 수 있다.

마케팅 전략에서 가장 기본적으로 배우지만 사실상 뼈대인 "마케팅믹스(4P's)"는 창업에서 목표를 설정하고 구체적인 마케팅을 하는 기준이라고 볼 수 있다. 그것은 제품(product), 가격(price), 유통(place), 촉진(promotion)으로 나눈다. 제품은 유형과 무형 모두 재료, 디자인, 고객서비스(A/S)까지 포함한다. 가격은 정확한 산정을 바탕으로 시장에 출시하며 고가전략부터 저가전략까지 다양하다. 유통은 전달 과정으로 유통 경로 확보가 창업 초기에 매우 어렵지만 중장기적으로 중요하다. 촉진은 광고, 판촉, 지인 판매 등으로 나눌 수 있다. 겨우 네 가지라고 말할 수도 있지만, 각 항목마다 많은 것을 따져야 하고 그러다보면 창업 준비 또는 직후에 할 일이 많다.

> **Power Tip**
>
> 교육기관에서 배우는 마케팅 원리나 방법은 간단하지만, 막상 혼자 그대로 따라서 하는 것도 쉽지 않다. 개인이나 기업에서도 시간과 비용을 투자해서 꼼꼼하게 한다. 이러한 원리를 활용해서 인터넷 등으로 조사한 다음 반드시 "현장"에서 많은 시간을 보내야 한다.

최근 SNS(social network service)로 개인 사생활이나 기업 광고를 하는 일은 일상적이다. 컴퓨터, 스마트폰, 태블릿으로 얼마든지 접속이 가능하다. 오히려 이러한 마케팅을 안 하는 것이 이상할 정도인데 기본적인 시장 조사, 접근, 마케팅 전략은 동일하다. 그런데 SNS의 특성이 다소 차이가 있다 보니 "자신의 취향에 맞는지" 여부를 제일 먼저 고민해야 한다. 만약 자신의 사생활을 온라인에 노출하고 싶지 않거나 SNS 자체에 관심이 없으면 아예 안 하는 것이 낫다.

① 인터넷 카페
네이버와 다음으로 대표할 수 있는 인터넷 카페는 과거보다 덜 활성화된 것

처럼 보이지만 여전히 중장기적인 모임과 인맥을 유지하는 일등 공신이다. 카페는 일정한 인원이 될 때까지 지속적으로 관리해야 하고 "단골"이 생길 때까지 카페 회원에게 많은 관심을 가져야 한다. 특히, 카페는 정기 모임(정모) 등으로 실제 만나는 일이 흔한데 인간관계 관리를 얼마나 잘 하는지가 카페 관리에 직결되며 홍보 등 이미지 제고에 중요한 요소다.

② 블로그와 홈페이지

블로그는 가장 광범위한 마케팅 수단으로 활용되고 있다. 네이버 블로그를 중심으로 각종 홈페이지 마케팅이 여기에 해당된다. 과거에는 홈페이지 구축과 관리에 초점이 있었지만 지금은 블로그를 잘 꾸미는데 많은 시간, 비용, 노력을 들인다. 블로그 방문객이 많아지는데 블로그 주인의 헌신적인 노력은 당연히 필요하다. 제품이나 서비스가 좋으면 방문객이 늘어나는 시간이 줄어들고 꾸준히 관리하는 모습을 방문객이 느끼면 매출 신장으로 이어질 수 있다. 방문객이 '습관'처럼 블로그에 접속한다면 일단 성공했다고 볼 수 있다.

③ 트위터

트위터는 짧은 문구와 간단한 첨부물을 활용해서 불특정 다수에게 널리 알릴 수 있는 장점이 있다. 그렇지만 널리 알리려면 일단 "팔로워"가 많아야 하는데 무작정 처음부터 무리하게 늘리기보다 하루에 몇 명이라도 꾸준히 늘리려는 마음을 가져야 한다. 아무리 불특정 다수라고 해도 꾸준한 게시물은 누군가 항상 보고 있다. 일정한 시간대에 지속적으로 게시하면 어느새 (잠재적) 소비자 입장에서는 그러한 게시물이 익숙해진다.

④ 페이스북

페이스북은 나와 다른 사람의 일상을 가장 구체적으로 살펴볼 수 있는 도구다. 그렇기 때문에 자신이 어떤 목적으로 누구와 친구로 연결할지 기획을 잘 해야 한다. 아무렇게나 친구를 늘리면 크게 도움이 안 된다. 처음에 시험 가동 기간을 정하고 조작 방법이 익숙해지면 원래 구상한대로 각종 사진과 설명을 게시하는 과정을 거쳐야 불필요한 시간 낭비를 막을 수 있다. 만약 자신의 일상을 알리겠다는 소통의 목적이라면 "아무렇게나" 글을 적을 수도 있지만 철저하게 "업무"를 하려면 기준을 스스로 정해야 한다.

⑤ 인스타그램

인스타그램은 페이스북과 비슷한 요령이면서도 글(문장)으로 자신을 알리기보다 "느낌 있는" 사진이나 영상을 활용해 마케팅을 하는 사람이 많다. 하나의 사진, 하나의 짤막한 영상이 사람들의 관심을 이끌어낼 수 있다. 마찬가지로 어떤 목적으로 운영하는지를 먼저 기획하고 사람들과 연결해야 한다. 페이스북보다 동종업계(예를 들어, 음식이나 옷)의 상품이나 전략을 쉽게 파악할 수 있다.

⑥ 카카오플러스친구와 네이버밴드

한국 인터넷 서비스에서 가장 획기적인 두 가지는 마케팅의 도구로 이미 많이 사용되고 있다. 두 가지 모두 사람을 늘리기가 만만치 않다는 어려움이 있지만 제품이나 서비스가 괜찮다고 인정받으면 급속도로 사람이 늘어난다. 기존 유명 기업에서 다수의 고객을 대상으로 마케팅을 하고 있지만 새롭게 시장에 진입하는 창업 기업도 얼마든지 이를 활용할 수 있다는 장점이 있다.

Power Tip

페이스북이나 인스타그램은 소액으로 광고를 할 수 있다. 처음부터 장기간 광고하기보다 고객이나 지역 특성을 고려해 1~3일 단기간 광고를 하는 방향으로 기획하면 예상하지 못한 반응에 대응하기가 편리하다. 매우 쉽게 광고할 수 있도록 만들어진 기능(클릭 몇 번 정도)이라서 조금씩 시행착오를 겪으면서 나만의 마케팅 전략을 실행할 수도 있다.

제7장
창업 지원제도

"일의 성공을 위해 필요하다면, 종래의 어떤 조직이라도 개혁하고 어떤 방법이나 이론까지도 폐기할 각오를 갖지 않으면 안 된다."
- 포드(기업가)

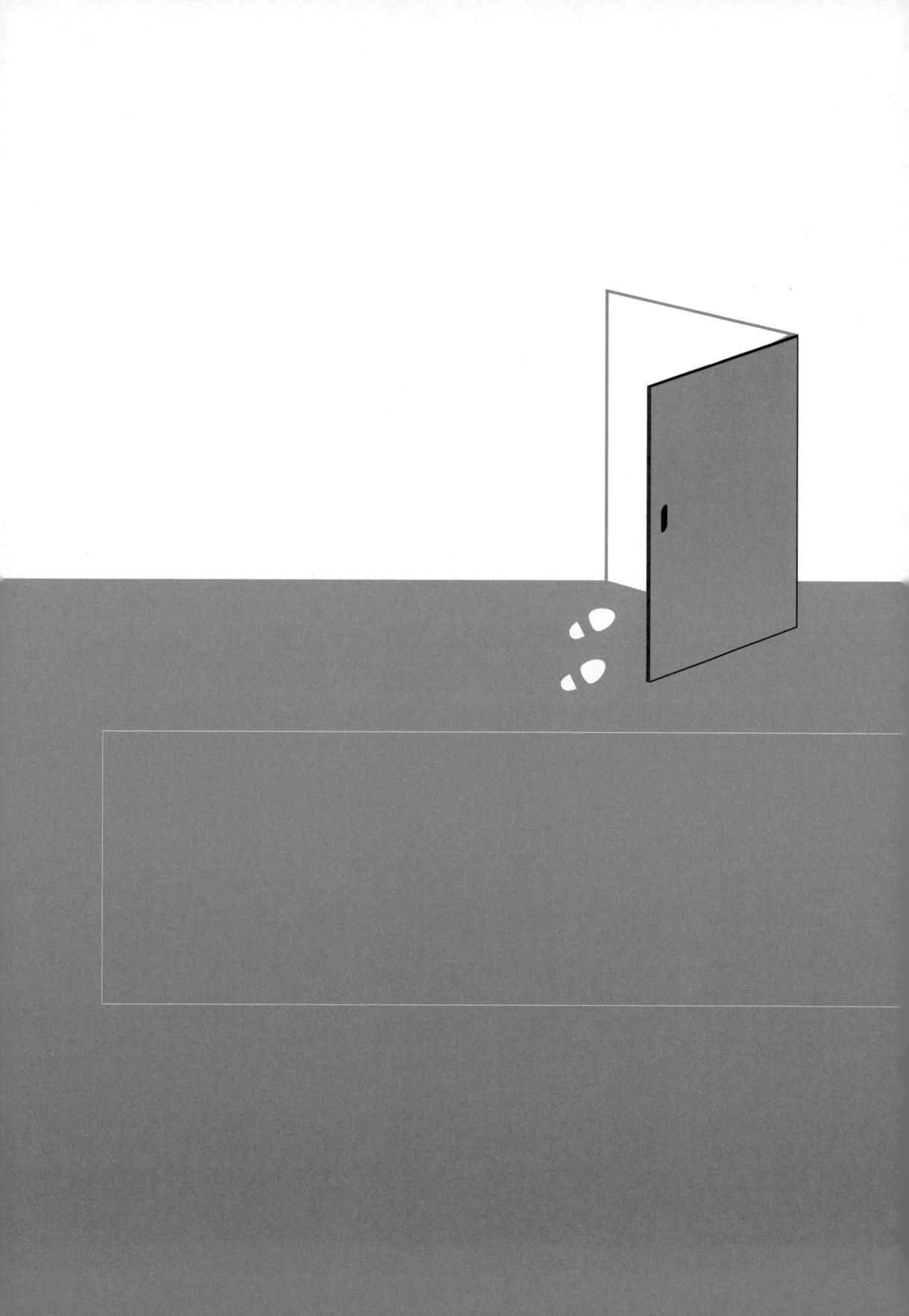

제7장

창업 지원제도

한국의 창업 환경, 이른바 창업 생태계는 여러 국가가 본받을 정도로 정부가 강력하게 정책을 주도하고 있다. 다른 국가에 비해 오히려 지원 제도 자체는 상당히 유리한 조건이다. 그렇지만 기업가정신 교육 훈련은 아직도 취약하고 예비 창업자, 경력단절 여성, 제대 군인, 고령 창업자 등을 대상으로 교육이 꾸준하게 이루어져야 한다. "칠레"에서는 모든 창업 희망자가 기업 설입 이전에 온라인으로 기업가정신 교육을 받아야 한다. 특히, 25-34세 연령대 창업 비중이 하락하는 추세고 중장년층 경영 활동이 주류를 이루고 있다(중소기업벤처부 · 창업진흥원 · 한국청년기업가정신재단, 2018 : 80-81). 특히, 각종 지원제도를 아는 것은 정보 획득에서 절대적으로 중요하다.

> **Power Tip**
>
> 지원 제도를 알고 신청 안 하거나 자격 요건에 해당이 없어서 못하는 것과 "있는지도 몰라서" 못 하는 것과는 하늘과 땅 차이다. "그 때 알았으면 좋았는데!"라는 후회를 덜 하려면 꾸준히 지원 제도에 관한 정보를 수집해야 한다.

• Chapter 07 창업 지원제도 •

제1절 전국 지원 제도

1. 중앙부처 : 다양한 사업과 프로그램 지원

중앙부처(기획재정부, 중소벤처기업부, 고용노동부, 행정안전부, 교육부)는 합동으로 취업 청년 소득, 주거, 자산 형성, 고용증대기업 지원 강화에서 중소 중견기업이 종업원 1명을 전일제 정규직으로 신규 채용하면 연봉의 1/3 수준(900만 원)을 지원한다. 신규고용 지원금을 받은 기업에 취업한 청년은 청년내일채움공제 가입을 보장한다. 30명 미만 사업장은 1명을 고용하면 지원되며 고용위기지역에는 500만원이 추가로 지원된다. 34세 이하 청년이 중소기업에 취업하면 5년간 소득세 전액 면제(연 150만원 한도)되는데 예를 들어 평균 초임(2,500만원) 청년은 연 45만원 세금이 감소된다. 30세 미만 저소득 청년 단독가구도 근로장려금 지급대상에 추가된다.

주거 교통비 경감에서 중소기업에 취업한 34세 이하 청년은 전월세 보증금에 대하여 3,500만원까지 4년간 저리(1.2%) 대출 가능하다. 그 조건으로는 34세 이하, 50인 미만 중소기업 신규 취업자 또는 중소기업진흥공단, 신용기술보증기금 청년 창업지원 받은 자, 연소득 3,500만 원 이하면서 보증금 5천만 원(60㎡) 이하 주택이다. 시중은행 전세 대출(3.2%) 대비, 최대 연 70만원 이자 부담이 줄어든다. 교통 여건이 열악한 산업단지 재직 중소기업 청년에게 교통비 매월 10만원 지급으로 택시, 버스, 지하철, 고속버스 등 사용 가능한 청년 동행카드가 발급된다.

목돈 마련에서 중소 중견기업 신규 취업자가 3년간 근무하면 3천만 원 목돈을 마련할 수 있다. 현재 청년 300 + 기업 400 + 정부 900 = 2년 1,600만원 → 신설 청년 600 + 기업 600 + 정부 1,800 = 3년 3,000만원(청년내일채움공제)으로 변경된다. 일정기간 기존 재직자는 5년간 근무하면 약 3천만 원 목돈 마련이 가능하다.

대기업이나 공공기관 취업에서 청년을 1명 신규 고용하면 대기업까지 세금 감면 기간 연장(청년친화 기업은 1인당 500만원 추가 감면), 기업(대기업 포함)이 일자리 창출을 수반하는 투자 프로젝트 추진 시에 규제 완화, 조기 인허가 등을 지원한다.

〈표 12〉 중소기업에 새로 취업한 30세 A씨가 받는 혜택 계산하기

산업단지에 입주한 중소기업(50인미만)에 신규 취업하여 2,500만원 연봉 (中소 대졸 초임 평균)을 받는 경우, 年1,035만원+α 수준 실질소득 증가

소득 지원 (세금 감면)	자산 지원 (청년내일채움 공제)	주거비 지원	교통비 지원	합계
45만원	800만원	70만원	120만원	1,035만원+α* 수준

- α : 신규고용 지원이 임금 인상으로 이어지는 경우 소득 추가(최대 900만원) 증가
- 대책 효과에 따라 중기 취업자 실질소득이 대기업 수준에 근접 : 대졸 초임 年임금(만원, '16 경총):(대기업) 약 3,800 (中소) 약 2,500

출처 : 관계부처합동(2018). 청년일자리대책 종합자료.

• Chapter 07 창업 지원제도 •

　창업 활성화에서 창업 자금과 사업 서비스를 지원한다. 생활혁신형 창업자는 1천만 원 융자, 5천만 원 추가 투융자, 기술혁신 창업자는 최대 1억 원 오픈바우처 지원한다. 혁신 창업 아이디어를 UCC 등을 통해 제작·응모해 일반국민 투표와 민간전문가 심사를 거쳐 선발한다. 해외 우수인재 국내 기술창업도 포함하여 선정, 인큐베이팅·국내정착·비자(Visa) 등을 지원, 쉽게 창업자금을 확보할 수 있도록 혁신모험펀드 조기 전액 투자 유도, 창업초기 펀드 재정출자 비율 확대 추진, 성장(Scale-up) 지원으로 조기 투자 성과 보수, 기업 비즈니스 지원단 확대, 사업지원 바우처(연 1백만 원·3년) 지급으로 행정 업무 부담 해소 등이 주요 지원 대책이다.

　청년 창업기업은 5년간 법인세, 소득세 100% 감면으로 감면율은 3년 75% + 2년 50% → 5년 100%, 연령 조정(29→34세), 청년 창업 다수업종 포함(전자상거래, 직업기술 서비스업 등), 수도권과밀억제권역 포함, 연 매출 4,800만원 이하 모든 창업자(연령, 지역 무관 ; 일부업종 제외)는 5년간 법인 소득세 100% 감면과 같이 지원된다. 이로서 민간 주도, 지방 중심 창업을 지원 우대하는 효과가 있다. 또한 창업경진대회 개최로 전국적 창업 분위기 조성은 '프로듀스101'과 같은 서바이벌 오디션 방식의 TV방송으로 국민적 관심을 유도할 계획이다.

　생활혁신형 창업 사업화 지원은 고급기술이 아니더라도 독창적인 생활혁신 아이디어를 보유한 청년창업자에 해당된다. 반려견 용품 DIY 패키지, 친환경 세정용품 제작공방 등으로 SNS로 유망 창업아이템 공모와 선발을 실시한다. 성공 시에만 상환 의무가 있는 융자(1천만 원)를 지원하며 쇼핑·육아 등이 집약된 '복합 청년몰'을 새롭게 만든다. 또한 농어촌 청년 창업 육성 지원에서 청년 창업자 육성 확대, 정착지원금, 판로지원으로 조기 정착을 유도한다.

청년 소셜 벤처 창업 성장 촉진에서 서울 성수동을 중심으로 자원을 연계 집중하여 성공사례 창출 확산 허브로 육성할 예정이다. 이미 창업지원 공간이 구축된 상태고 180개 기업, 3천 명이 모여 있다. 앞으로 서울시 마포 청년혁신타운으로 전환하여 핵심적 청년창업거점으로 육성하며 전국의 창업 공간 정보를 데이터베이스로 만들어 청년이 쉽게 검색·이용할 수 있도록 제공할 예정이다(K-스타트업 홈페이지 활용).

청년창업사관학교 (예비)창업자 모집의 목적은 우수한 (예비)창업자를 발굴하고 창업 모든 단계를 패키지 방식으로 일괄 지원해 혁신적인 청년기업 육성하는데 있다. 대상 업종에 따라 3개 과정이며 단기간 사업화가 가능한 창업과제(1년 과정), 장기간 걸리는 고급기술 과제(2년 과정), 추가 과정은 이 과정을 졸업한 기업 중에서 추가 사업화 과제 수행자며 지원금은 1억에서 2억 원 이내다. 제원 제외 대상 업종과 지원하는 업종이 있기에 잘 살펴야 한다. 총 450명(팀) 내외, 만 39세 이하인 자, 예비창업자(본인 명의로 사업자등록을 하지 않은 자) 또는 예비창업팀(대표자 1인 변경불가, 3인 이내 팀원으로 39세 이하, 사업자미등록자로 구성, 법인 설립만 허용)이 해당된다. 창업 후 3년 이하 기업의 대표자(창업자)다. 공동대표로 구성된 기업은 대표자 전원이 신청자격을 충족해야 한다.

• Chapter 07 창업 지원제도 •

청년창업사관학교 입교를 통한 창업 사업화 지원은 정부지원금(중소기업진흥공단이 입교자에게 지급하는 현금)은 연간 최대 1억 원 이내(2년 과정은 2년간 최대 2억 원), 기술개발, 시제품제작비, 기술정보활동비, 지식재산권 취득비, 마케팅비 등이다. 총사업비 구성을 100%로 했을 때 아래와 같은 구성이 갖추어져야 한다.

〈표 13〉 지원금과 자기 부담금의 비율

총 사업비	정부지원금	입교자 부담금	
		현금	현물
100%	총 사업비의 70% 이하	총 사업비의 10% 이상	총 사업비의 20% 이하

* 총사업비 : 정부지원금과 입교자의 현금 및 현물 부담금을 합한 금액
** 현물 : 입교자(예비창업팀은 팀원 포함) 및 소속 임직원의 인건비

창업 인프라 지원으로 사업화에 필요한 창업 공간, 제품개발 장비(3D 프린터, RP 머신, 가공기) 등 지원, 사업화 진도 관리(단계별 집중 교육) 실시, 3차원 측정 제품설계, 시제품제작, 판로개척 지원(독립부스, 통역비, 운송비 등 국내·외 전시회 참가 지원), 해외진출 지원(글로벌 연수 멘토링, 해외 IR 펀딩 등)이다. 사관학교 졸업 후 5년간 연계지원(창업 7년 미만)으로 이어진다.

선정 지원 절차는 서류심사(1단계)로 평가항목은 사업수행능력, 기술성, 사업성, 성장가능성 등으로 평점 60점 이상의 고득점자 순으로 선정한다. 예비창업 심화과정(심층심사, 2단계)는 교육과 코칭으로 사업성 평가를 2회 실시한다. 발표

심사(심층심사) 3단계는 입교 신청자 대표자가 한다. 최종선정은 사업운영위원회에서 선정자, 사업비를 확정하고 최종선정자는 선정결과 통보일로부터 15일 이내에 현금 부담금 납부, 중소기업진흥공단과 협약 체결로 마무리된다.

창조경제혁신센터(세종, 2018)에서는 이미 청년 창업을 많이 지원하고 있다. 창업아이디어를 가지고 있는 예비창업자 또는 창업기업을 대상으로 최대 2년 기간이다. 중점 지원 분야는 업종마다 차이가 있으며 주로 창업·일자리 활성화 사업, 창업 성장 지원 사업, 지역생태계 조성사업 영역이다. 특히, 입주지원(시설 장소), 사업화지원에 관해 세부적인 프로그램이 있다. 창업보육지원 제도에서 "보육기업"은 창업보육을 목적으로 선발절차를 거쳐 선발된 창업기업이나 예비창업자다. 선발되면 시설과 장소를 제공받을 수 있고, 기술의 공동 연구·개발, 지도·자문, 자금 지원·연계, 경영·회계·세무·법률 상담 등 필요한 각종 지원을 받을 수 있다.

창업 여부는 4가지 판단 기준이 있다. 개인 또는 법인, 기존 또는 신규 장소, 기존 사업 유지 여부, 업종 유사성 여부다. 이에 따라 조직 변경, 창업, 형태 변경, 위장창업, 법인전환, 사업승계, 사업이전, 사업 확장, 업종추가로 창업 여부를 판단한다(세종창조경제혁신센터, 2018). 이렇게 창업 지원을 받은 업종으로는 사물인터넷 기술, 친환경 농축산, 주거공간 인공지능 시스템, 화장품과 의약을 결합한 제품, 인체 형상 정보, 창작 애니메이션, 스마트 안전 지킴이, 아동용 크레파스, 안전 개발 용품, 3D 프린터, 화이트닝 크림 등이 있다(세종시 창업벤처기관협의회, 2018).

2. 사회적기업 협동조합 : 공생과 공익

사회적기업 협동조합은 지역 주민의 권익 복리 증진과 관련된 사업을 수행하거나 취약 계층에게 사회서비스 또는 일자리를 제공하는 등 영리를 목적으로 하지 않는 협동조합을 말한다. 일단 비영리법인이고 중앙행정기관의 인가가 필요하다. 공익사업을 40% 이상 수행하고 의무적으로 경영 공시를 해야 하는 등의 특징이 있다. 주 사업은 전체 사업량의 40% 이상을 차지해야 하는데 주 사업의 유형은 아래와 같다(기획재정부 · 한국사회적기업진흥원, 2018).

첫째, 지역 사업형이다. 지역사회 재생, 활성화, 지역주민 권익 복리 증진, 지역사회 문제 해결에 기여하는 형태다. 전통시장 문화예술 사업 등이 대표적이다.

둘째, 취약계층 사회서비스 제공형이다. 복지, 의료, 환경 분야에서 사회서비스를 제공하는 사업으로 다문화 가정 대상으로 하는 경우가 있다.

셋째, 취약계층 고용형으로 장애인 일자리 창출이 해당된다.

넷째, 국가 지방자치단체로부터 위탁받은 사업을 하는 경우로 방과 후 학교 등을 수행하는 형태다.

마지막으로 기타 공익증진형으로 음악교육, 연주자 양성 등이 해당된다.

"사회적기업"과 "예비사회적기업"의 차이는 바로 "어느 기관(장)으로부터 승인을 받았는가?"다. 고용노동부 장관이 "인증"하는 기업은 "사회적기업", 지방자치단체장이나 정부부처의 장이 "지정"하는 기업은 "예비사회적기업"이다. 또한 다양한 조직 유형이 있는데 "사회적기업"은 취약계층에게 사회서비스 또는 일자리를 제공하거나 지역사회에 공헌함으로써 지역주민의 삶의 질을 높이는 등의 사회적 목적을 추구하면서 재화 및 서비스의 생산·판매 등 영업활동을 하는 기업으로서 법에 따라 인증을 받은 자다.

"예비사회적기업"은 사회적 목적 실현, 영업활동을 통한 수익창출 등 사회적기업 인증을 위한 최소한의 법적 요건을 갖추고 있으나 수익구조 등 일부 요건을 충족하지 못하고 있는 기업을 지방자치단체장이 지정하여 장차 요건을 보완하는 등 향후 사회적기업 인증이 가능한 기업이다. "협동조합"은 재화 또는 용역의 구매·생산·판매·제공 등을 협동으로 영위함으로써 조합원의 권익을 향상하고 지역사회에 공헌하고자 하는 사업조직이다. "사회적협동조합"은 지역주민들의 권익·복리 증진과 관련된 사업을 수행하거나 취약계층에게 사회서비스 또는 일자리를 제공하는 등 영리를 목적으로 하지 아니하는 협동조합이다. "마을기업"은 지역 주민이 각종 지역 자원을 활용한 수익사업을 통해 공동의 지역 문제를 해결하고 소득 및 일자리를 창출하여 지역공동체 이익을 효과적으로 실현하기 위해 설립·운영하는 마을 단위의 기업이다. "자활기업"은 지역자활센터의 자활근로사업을 통해 습득된 기술을 바탕으로 1인 혹은 2인 이상의 수급자 또는 저소득층 주민들이 생산자협동조합이나 공동사업자 형태로 운영되는 기업(국민기초생활보장법)이다. "소셜벤처"는 개인 또는 소수의 기업가가 사회문제를 해결할 혁신적인 아이디어를 상업화하기 위해 설립한 신생기업이다. 정부 인증이 필요 없고 정부 및 민간에서 소셜벤처 경연대회, 네트워크 행사 등의 간접적 지원에 해당된다(한국사회적기업진흥원, 2018).

사회적기업은 과거보다 사회적으로 확산되었고 성공적으로 운영되는 곳도 많은 편이지만 아직도 잘 모르는 사람들이 많다. "사회적기업은 자선 단체?"인지에 대해서 취약계층 대상 사업이나 사회서비스 확대 등. 공공의 이익을 도모한다는 점에서 유사한 점이 있다. 자선단체와 사회적기업의 가장 큰 차이점은 어떠한 방식으로 지속가능성을 유지하느냐에 있다. 자선단체는 수익을 위한 비즈니스를 주요 활동으로 여기지 않고 정부 보조금이나 기부금, 모금, 프로그램 계약 등으로 단체를 운영하지만 사회적기업은 재화나 서비스를 제공으로 수익을 창출하여 지속가능성을 영위한다. "사회공헌을 많이 하는 회사도 해당되는지"에 대해서 영리 활동을 하며 사회에 공헌(환원)하는 것과 기업의 존재 목적이 사회문제 해결인 것에는 차이가 있다. "사회적기업은 특정 가치관을 지닌 기업인가요?"에 대해 사회적기업은 어떤 이념이나 가치관을 따르는 기업이 아닌 "인간중심"의 기업 활동을 하는 기업이다. "이윤 발생 시 취약계층 고용 및 사회공헌을 무조건 하여야 하나요?"에 대해서 회계연도별로 이윤 발생 시, 이윤의 2/3이상을 사회적 목적에 사용해야 한다. 회사 해산 또는 정산 시 배분 가능한 잔여재산이 있는 경우 잔여재산의 2/3이상을 다른 사회적기업 또는 공익적 기금 등에 기부해야 한다(한국사회적기업진흥원, 2018).

이렇게 사회적협동조합은 일정한 절차에 따라 설립 인가된다. 가장 먼저 발기인 모집(5인 이상 조합원 자격을 가진 자)을 시작으로 정관 작성, 설립동의자 모집, 창립총회 공고와 총회 개최, 설립인가 신청, 설립인가증 발급, 설립사무의 인계(발기인이 이사장에게 인계), 출자금 납입, 설립 등기(등기소), 사업자등록(세무서)의 순서다. 이때 도움을 받으려면 중간지원기관(컨설팅) 등을 받을 수도 있다.

사회적 협동조합에 관한 문서를 작성하는데 용어(단어)의 개념을 알아두면 편리하다.

- 잉여금 : 순재산액이 법정자본금을 초과하는 부분(회계상 당기순이익), 자본잉여금은 자본거래로 발생, 이익잉여금은 영업활동 등 손익거래로 발생한다.
- 순재산 : 총자산-총부채
- 법정자본금 : 회사가 유지할 최소한의 자본
- 임의적립금 : 협동조합이 임의로 적립한 것으로 정관으로 정할 수 있다.
- 창립총회 : 7일 이상 일시, 장소, 조합원 자격요건, 의결 사항을 공고
- 사업비 : 조직의 일반적 운영에 소요되는 금액이 아닌 실제 사업에 수행에 쓰는 금액으로 매출원가, 인건비도 포함한다.
- 경상비 : 협동조합의 일반적 조직운영에 소요되는 비용으로 인건비(급여, 상여급, 일용 인건비, 퇴직급여 등), 운영비(인건비를 제외한 금액)
- 사업 외 수입 : 이자수익이나 후원금 등이다.

2018년 협동조합 정책 활용 길라잡이 등을 참고해 정리하면 아래와 같다.

지역특화산업육성사업(한국산업기술진흥원)은 지역특화산업 중점 육성으로 지역 일자리 창출 확대와 지역 기업 매출 신장 등 지역경제 활성화에 기여하는데

목적이 있다. 그 내용은 시·도 단위 지역주력산업, 시·군·구 단위 지역연고산업 분야 지역기업의 기술개발과 사업화 집중 지원이다. 특히, 주력산업 기술개발은 지역별 여건·특성을 반영해 선정된 48개 주력산업분야 지역기업의 청년고용창출형이다. 기술개발 과제 집중 지원하는데 연평균 국비(지방비) 2억 원(만15세 이상 만39세 이하 청년 1명) 신규채용 계획 제출이 의무다.

청년고용특별자금(소상공인시장진흥공단)은 우수한 사업성과 발전가능성은 있으나 자금력이 부족한 청년 소상공인의 경영을 활성화하고 청년을 말한다. 신청대상은 청년 소상공인(만39세 이하), 상시근로자 중 과반수 이상 청년 근로자(만29세 이하)를 고용 중이거나 최근 1년 이내 청년 근로자 1인 이상을 고용한 소상공인이다. 융자범위는 제품생산 비용·기업경영에 소요되는 자금으로 금융기관 대리 대출로 1억 원까지다.

1인 창조기업 키움보증 프로그램(신용보증기금)은 창의성과 전문성을 갖춘 1인 또는 5인 미만의 공동사업자가 상시 근로자 없이 영위하는 기업이면서 「1인 창조기업 육성에 관한 법률 시행령」에서 정하는 업종으로 보증신청 접수일 현재 신용보증기금의 보증잔액을 보유하고 있지 않는 기업이어야 한다.

원스톱기업애로종합지원(중소벤처기업부)은 중소기업이 겪는 금융, 법률, 노무, 회계, 기술, 특허 등의 기업 경영애로를 전화(1357 중소기업통합콜센터), 방문(지방중소벤처기업청), 인터넷(www.bizinfo.go.kr/link)등을 통해 상담부터 현장해결까지 지원한다. 분야별 전문가로 구성된 비즈니스지원단이 기업의 경영애로를 무료 종합 상담하며 중소기업 경영애로를 해결해 주기 위해 12개 지방중소벤처기업청 및 5개 사무소(센터)에 배치된 변호사, 세무사, 회계사, 관세사, 경영·기술지도사 등 10개 분야의 전문가가 배치되어 있다. 상담만으로 해결이 어려운 과제에 대해서는 해당분야 비즈니스지원단이 직접 중소기업 현장을 찾아가 단기간(최대 7일)에 애로를 해결하고 있다.

소상공인평생교육원(소상공인시장진흥공단)에서 신사업창업사관학교는 신사업 아이템 중심의 예비창업자에 대한 이론교육, 체험교육 등 소상공인에 대한 상시 교육 체계 구축하고 있다. 지원대상은 소상공인 및 예비창업자로 그 내용은 이론교육(창업교육, 경영교육 및 업종별 전문교육), 체험교육(이론교육 수료생에게 경영체험과정 제공)으로 구분된다. 소상공인 경영교육은 소상공인들이 경영·기술 환경 변화에 대처할 수 있도록 전문기술·경영개선교육·방송교육 지원이다. 소상공인의 역량 강화를 위해 신 메뉴개발, 최신 전문기술 등 업종별 고급기술교육을 지원(수행 : 민간교육기관, 민간교육기관 교육비의 90%)한다. 마찬가지로 소상공인 역량강화(컨설팅)는 소상공인의 경영역량 강화를 위한 컨설팅 제공과 어려운 경영여건에 직면한 소상공인을 위한 영업정상화를 위한 컨설팅(맞춤형 연계지원)이다. 지원대상은 소상공인, 예비창업자로 소상공인의 마케팅, 고객관리, 매출 증대 방안 등 경영역량 강화와 명장 등의 노하우 지원을 위한 컨설팅 제공, 경영이 어려운 소상공인의 경영환경 개선 및 위기 진단에 따른 맞춤형 연계 지원이다.

정부에서 지원하는 사업은 K-startup에서 살펴볼 수 있고 그 종류도 매우 다양하다(중소기업벤처부, 2018).

• Chapter 07 창업 지원제도 •

　　중앙부처 중심 사업에서 "메이커 문화 확산"은 창작활동에 관심이 있는 모든 국민을 대상으로 창작 모임, 크라우드펀딩, 시제품 제작 등을 지원한다. "장애인 맞춤형 창업교육"도 기초 창업 소양 교육, 특정 업종 창업능력 제고, 영업 지속률 제고 등에 초점을 두고 있다. "스마트 창작터"는 정보통신기술 지식서비스 기반 사업의 예비 창업자나 3년 이내 창업기업을 중심으로 실습교육, 시장검증, 사업화를 지원한다. "청년혁신가 인큐베이팅"은 교육기관, 협회, 민간단체, 기업, 대학 등 법인에 지원하는 것으로 문제해결 방법, 아이디어 구체화, 수료자 네트워크 행사 등으로 구성되었다. "희망사다리 장학금"은 창업을 희망하는 대학생에게 장학금을 지원하는 제도로 직전학기 성정 100점 만점 기준 70점 이상인 대학생에게 해당되며 학자금 전액과 창업 준비 장려금이 지원된다. 장학생으로 선발되면 졸업 후 장학금 지원 학기 수에 6개월 간 곱한 기간 동안 의무적으로 창업을 유지해야 하는데 창업에 실패한 경우 중소기업 취업으로 대체 가능하다. "시제품 제작터"는 예비창업자나 중소기업을 대상으로 전문가 서비스, 셀프 제작 서비스를 지원하고 있다. "시니어 기술창업센터"는 40세 이상 대상자가 경력 등을 활용해 성공 창업을 지원하도록 돕는데 사무공간, 경영지원, 창업교육, 네트워크 등이 주요 내용이다. "출판지식창업보육센터 운영"은 출판 관련 창업(3년 미만) 또는 예비창업자에게 사업화 공간을 제공하는 제도다. "농촌현장 창업보육"은 농산업, 농식품 등에 예비 창업자나 5년 미만 창업초기기업에 대해서 지식재산권 출원, 디자인 개발, 시제품 제작, 전시회 참가 등을 지원받을 수 있다.

　　"K-Global 기업가정신 프로그램"은 중소 벤처 대표자의 기업가정신 함양을 목적으로 국내 사전 교육, 미국 현재 교육 참가, 멘토링 지원 등이 포함된다.

"K-Global 창업멘토링"은 성공 또는 실패 경험을 가진 벤처 기업인의 경험을 바탕으로 청년창업가의 기술, 경영 애로 사항을 진단하고 해결방안을 제시해 창업 성공률을 높이는 프로그램이다. 정보통신과학기술 초기 또는 재도전 기업과 대학창업동아리(1년 이내 창업 목표)가 대상이다. 성공벤처 멘토 운영, 창업희망콘서트, 해외 글로벌 파트너십 체결 등을 지원한다. "IP 디딤돌"은 개인이나 예비 창업자의 우수 아이디어가 사업 아이템으로 구체화되고 창업으로 연계될 수 있도록 특허지원 상담창구(지식재산 상담) 운영을 지원한다. "재도전 성공패키지"는 사업계획을 가진 우수한 재도전 기업인을 발굴해 실패 원인 분석 등 전문교육과 사업화를 지원하는 내용이다. "창업발전소 콘텐츠 스타트업 리그 공모 사업화"는 콘텐츠 예비 창업자 또는 창업 1년 이내 스타트업에 해당된다. "관광벤처 사업 발굴 지원"은 예비창업자 또는 창업 3년 미만 기업, 창업 3년 이상 관련 관련 중소기업이 지원 대상이며 서비스 상품 개발 비용, 국내외 홍보 마케팅, 교육 컨설팅을 지원한다.

모든 중소기업 정책정보는 기업마당(Bizinfo)에서 검색 가능하며 정책자금이 필요한 대표, 청년 사업가, 해외 시장 개척 기업인 등 모든 중소기업인이 해당된다(중소기업벤처부, 2018).

3. 예술인 지원 사업 : 공정계약과 활동보장

예술계의 공정한 계약문화 확산과 예술인의 사회보장 안전망 강화를 목표로 만들어진 "예술인 사회보험료 지원 사업"도 있다. 예술인 사회보험료 지원 사업은 예술인의 노후와 안정적인 직업 활동을 위해 국민연금 보험료와 고용보험료

50%를 환급·지원하고 있다. 예술인 개인과 예술인을 고용한 회사(단체)를 함께 지원하고 있다. 또한 표준계약서를 활용해 계약을 체결한 예술인을 지원하는 사업도 같이 하고 있다(한국예술인복지재단 홈페이지, 2018).

근로자인 예술인은 월 최대 40,540원(국민연금 35,400원, 고용보험 5,110원), 문화예술사업자는 월 최대 2,124,000원 가량(1인 42,480원×50명 / 국민연금 35,400원, 고용보험 7,080원)을 지원받을 수 있다. 프리랜서 예술인은 국민연금 보험료 50%, 월 최대 40,950원까지 가능하며 지원금 상한액 기준은 근로자인 예술인·문화예술사업자는 월 소득 1,573,770원 기준 납부 보험료, 프리랜서 예술인은 기준소득월액 910,000원 기준 납부 보험료(농어업인 국민연금 지원과 동일기준) 정도다. 지원 대상은 예술인 복지법의 '예술 활동 관련 표준(근로)계약'을 체결하고 국민연금·고용보험에 가입한 예술인과 문화예술사업자다. 또는 예술 활동 증명 완료자(미완료자는 당 절차 신청 시 '사회보험료 지원을 위한 특례'를 선택하고 관련 계약서 첨부)로 지원내용과 방법은 분기별 보험료 납부 확인 후 환급 지원하는 형식이다. 프리랜서 예술인 지원에서 3개월 미만의 단기계약은 최대 3개월까지 보험료 지원하며 저작권, 출판 등 장기계약은 계약 건당 최대 24개월 지원 가능하다.

다만, 지원제외는 월 소득 334만 원 이상은 지원 보류(사업종료 1개월 전에 해당 신청 건의 지원 여부 결정), 공공기관 또는 국공립예술단체와 소속 예술인은 해당이 없으며 예술 활동으로 보기 어렵거나 계약의 당사자가 문화예술사업자가 아닌 경우다.

"예술인의 산재보험 가입 대행"도 지원한다. 근로계약을 체결하지 않고 프로젝트 단위로 활동하는 프리랜서 예술인이 산재보험에 가입할 수 있다(임의가입 방식). 직업 예술 활동 시 발생한 상해를 산재로 인정받고 보상받는데 기존 산재보험 제도에 예술인들의 직업 활동 특성을 반영해 편입될 수 있도록 보완하는 프로그램이다. 예술인 산재보험 가입대상은 본인이 원하면 가능하며 가입 희망일 현재 보수를 목적으로 계약한 상태에서 예술 활동에 종사하고 있는 사람으로 예술 활동 증명을 완료한 사람이다. 예술 활동 증명 미완료자는 '산재보험 가입 특례'로 신청하고 계약서를 첨부하면 된다. 1등급~12등급 보험료 중 원하는 보험료를 선택 가입하며 높은 보험료를 낼수록 휴업급여, 간병비 등 산재보험 급여혜택이 크다.

예술인의 사회보장 확대를 목표로 보험료를 50%~90% 지원, 한국예술인복지재단으로 예술인 산재보험에 가입해 1개월 이상 보험료를 납부한 예술인은 보험료 50% 지원(본인부담금 9,850원~35,480원), 신규가입자 90% 지원(본인부담금 1,980원. 1등급 선택 시 6개월간), 1등급으로 산재보험에 가입한 신규가입자에게 첫 6개월 동안의 월 보험료 90% 지원(본인부담금 1,980원), 이후 50% 지원(본인부담금 9,850)된다.

"예술인 파견지원 사업"은 예술인의 사회적 가치 확장을 목표로 다양한 예술 직무영역을 개발하고 사회(기업/기관 등)와 협업에 관한 직무를 제공해 적극적 예술인 복지를 실현하고자 진행하는 사업이다. 예를 들어, 퍼실리테이터는 기업(기관)과 매칭이 완료된 예술인으로 참여 예술인의 예술적 역량·경험과 참여기업을 연결해 예술적 협업구조(활동)를 마련하고 프로젝트 기획, 운영, 성과관리 등을 진행하는 예술인이다. 이에 대해 참여 예술인은 기업(기관)과 연결되어 퍼실리테이터와 함께 프로젝트를 기획 운영하는 예술인이다. 참여기업(기관)은 퍼실리테이터, 참여 예술인과 협업하는 곳으로 프로젝트를 수행한다. 예술인들이 예술 외적 요인으로 인해 예술창작활동을 중단하는 상황에 이르지 않도록 예술인의 창작활동 동기 고취와 창작안전망구축을 구현한다. 심의 방법은 제출된 서류에 근거해 위원회에서 소득·건강보험·예술 활동 등을 종합 심의해 지원 적격여부 판단, 부문별 배점 합산한다.

예술 활동의 권익보호와 사회적 인식 제고를 목적으로 "표준계약서"를 제공한다. 표준계약서는 특정 분야 또는 직군의 빈번한 계약 관계 수립에 필요한 표준양식이다. 불공정한 계약이 발생하지 않도록 예방하는 기준이다. 무계약 또는 구두계약 관행, 계약 관련 전문 지식의 부족 등으로 계약서 작성이 보편화되어 있지 않은 현실에서 예술분야의 표준계약서를 개발 보급으로 예술인의 권익을 보호할 수 있다.

4. 전국 단위 사업 현황

전국 단위 사업 현황은 "세부사업"과 "내역사업"을 중심으로 정보를 검색하면 담당 부처(부서)를 찾을 수 있다. 자세한 사항은 해당 홈페이지 "공지사항", "새 소식", "공고" 게시판 등을 찾아보아야 한다. 만약 내용을 읽어도 이해가 어렵거나 중의적 표현인 경우는 직접 전화해서 물어보는 것이 가장 정확하다. 만약 전화 등으로 대화하기가 어려우면 이메일을 보내거나 직접 방문해야 한다.

<표 14> 공모사업(민간보조사업)

(단위: 백만 원)

단위사업	세부사업	내역사업	지원예산	지원대상
청년취업 아카데미 운영지원	인문특화 청년취업 아카데미	인문특화 청년취업 아카데미 운영지원	34,610	기업·사업주단체, 대학· 민간 우수훈련기관
고용평등환경 개선	고용평등 환경개선지원	고용평등상담실 운영지원	334	민간단체
노사협력	합리적 노사관계 지원	노동단체 지원	3,716	노동단체
		노사관계 비영리 법인 지원	622	노사관계 비영리법인
고용촉진지원금	고용창출장려금	고용창출장려금	106,206	기업 및 근로자
민간고용 서비스지원	취약계층취업지원	건설근로자 취업지원	525	민간기관
		노숙인 취업지원	450	민간기관
지역고용 촉진지원	지역산업 맞춤형 일자리창출지원	일자리 함께하기 설비투자비용지원	2,400	기업
학교와 노동시장 연계 지원	청년취업진로 및 일경험지원	취업지원관	180	대학
		대학청년고용센터	686	대학
		대학창조일자리센터	17,700	대학
		재학생직무체험프로그램	5,649	기업, 대학
세대간 상생 고용지원	세대간 상생고용 지원	세대간 상생고용지원	35,640	기업
중소기업능력 개발지원	국가인적자원개발 컨소시엄지원	국가인적자원개발 컨소시엄지원	332,849	중소기업 재직근로자 및 채용예정자 훈련 실시 대기업, 공공기관 등
일·가정양립 지원	고용안정장려금	고용안정장려금	31,879	기업

단위사업	세부사업	내역사업	지원예산	지원대상
고령자고용 촉진지원	중장년층 취업지원	고령자인재은행	3,958	무료직업소개사업 수행비 영리법인 · 공익단체
		중장년 일자리희망센터	17,720	민간, 노사발전재단, 사용자 단체 등
		생애설계서비스	1,550	민간, 노사발전재단, 사용자 단체 등 중장년일자리희망센터 지정 기관

출처 : 고용노동부 홈페이지, 2017년 보조사업 총괄표 및 세부사업계획.

공모사업은 일정 시간 공고해서 심사를 거쳐 모집한다는 의미가 대부분이다. 이와 다르게 비공모사업은 특정 범위에 해당하는 대상에게 지원해준다는 뜻이다.

〈표 15〉 비공모사업(민간보조사업)

(단위: 백만 원)

단위사업	세부사업	내역사업	지원예산	지원대상
해외취업 지원	해외취업지원	해외 K-Move 센터 운영	3,750	대한무역투자진흥공사 (사)한국무역협회
		글로벌채용상담회	400	대한무역투자진흥공사
대상별 취업 지원	취업성공패키지 지원	취업성공패키지지원 (참여수당)	218,186	취업성공패키지 참여자
중소기업 청년인턴제	중소기업 청년인턴제	청년인턴제 잔여 사업비 지원(취업지원금)	24,565	청년인턴제에 참여하여 정규직으로 채용(전환)된 자
청년내일채움공제	청년내일채움공제	청년내일채움공제 지원 (취업지원금)	47,592	청년인턴 참여 후 정규직으로 전환하여 청년내일채움공제에 가입한 경우

실업자능력 개발지원	실업자능력개발 지원	실업자능력개발지원	59,508	실업자(훈련생), 훈련기관
한국폴리텍 대학출연	한국폴리텍대학 운영지원 (BTL 정부지급금)	한국폴리텍대학운영지원 (BTL 정부지급금)	6,305	민간사업자
한국기술 교육대학교 출연	한국기술교육 대학교 운영지원 (BTL 정부지급금)	한국기술교육대학교 운영지원 (BTL 정부지급금)	975	민간사업자
노사발전 재단지원	노사발전재단 지원	노사상생협력 교육 등 8개	8,302	노사발전재단
고용유지 지원금	고용유지지원금	무급휴업휴직 근로자지원	631	기업 및 근로자
중소기업 청년취업인 턴제	중소기업 청년취 업인턴제	청년인턴제 잔여사업비 청년내일채움공제 지원	95,993	청년인턴제에 참여하 여 정규직으로 채용(전 환)된 자
민간고용서 비스지원	외국인력지원 센터지원	외국인력센터지원	5,813	외국인력지원센터
	취약계층취업 지원	경력단절여성취업지원 (고용센터)	8,363	새로일하기센터
지역고용 촉진지원	지역산업맞춤형 일자리창출지원	고용환경개선지원	380	기업
실업자 및 근로자 능력개발지원	전직실업자등 능력개발지원	국가기간·전략산업 직종훈련	384,066	실업자(훈련생), 훈련기관
한국 폴리텍대학 능력개발사 업지원	기능인력양성 장비확충(폴리텍)	기능인력양성 장비확충(폴리텍)	9,034	학교법인 한국폴리텍
일 가정 양립지원	직장어린이집 지원	직장어린이집지원	49,265	기업
기금운영비	고용보험적용징 수 위탁사무 대 행지원	고용보험적용징수 위탁사무 대 행지원	6,637	보험사무대행기관

클린사업장 조성	클린사업장조성 지원	클린사업장 조성 지원 (유해위험 요인 시설 개선)	62,807	기업
산재보험및 예방기금운영비	보험사무대행 기관 지원금	보험사무대행기관지원금	7,258	보험사무대행기관
장애인고용 장려금	장애인고용장려금	장애인고용장려금지원	156,095	한국장애인고용공단
근로자복지 지원	사내(공동)근로복지기금지원	사내(공동)근로 복지기금 지원	5,000	사내근로복지기금법인, 공동근로복지기금법인

출처 : 고용노동부 홈페이지, 2017년 보조사업 총괄표 및 세부사업계획.

제2절 지역 지원 제도

1. 지역별 사업과 프로그램 : 맞춤형 지원

지역별 사업은 "수시 변동", "선착순 마감"인 경우가 있으므로 자신의 사업 소재지나 관심을 두고 있는 몇 곳(홈페이지 등)을 일주일에 서너 번씩 확인해야 한다.

서울시는 사회적경제 경영지원사업, 서울시 협동조합지원센터를 비롯해 청년 협동조합 활성화 지원을 하고 있다. 이는 청년 협동조합 활성화를 위한 지원 네트워크 구축과 창업 지원(연 2회 선발, 2월~3월 초), 청년기자단(연 1회 선발, 2월)으로 구성되어 있다. 중소기업육성자금 융자지원의 지원대상은 서울시 관할에 사업자등록이 되어 있는 중소기업체로 시설자금, 성장기반자금, 기술형창업자금, 긴급자영업자금, 재해중소기업자금, 개성공단입주기업자금, 시중은행협

력자금으로 세분화되어 있다.

　서울혁신챌린지 사업은 4차 산업혁명 대응을 위한 혁신기술 발굴을 통해 도시문제 해결과 기술상용화 집중 지원한다. 그 대상은 서울 소재 중소기업, 스타트업, 산학연 컨소시엄, 예비창업자로 분야(IoT/빅데이터/헬스케어/핀테크/드론/도시문제해결/기타 등)로 기술상용화 인건비와 직접비 지원, 아이디어 팀 빌딩 온·오프라인 플랫폼 지원, 네트워킹/멘토링으로 아이디어/비즈니스모델 숙성 지원이다. 지원기준은 예선(시지원금은 사업비의 100%, 기술료 비징수), 결선(시지원금은 사업비의 75% 이내, 민간부담금 25% 이상, 기술료 징수)로 지원규모는 1단계 지원(프로토타입, 2천만원 지원, 40개사), 2단계 지원(R&D, 최대 2억원 이내 차등지원, 7개사)다. 이는 자유 공모, 경진대회 등으로 선정된다.

　경기도는 "중소기업 무엇이든 물어보세요" 사업을 경기테크노파크에서 실시하고 있다. 중소기업의 각종 애로사항을 해결하고자 무료 컨설팅을 지원하고 있으며 경기도 내 중소/벤처기업(자금 소진 시까지)을 대상으로 각 분야 전문컨설턴트가 3회(사전진단1회+맞춤자문2회) 이내로 맞춤형 1:1 애로사항 해결하고 있다. 사전진단과 규정된 애로에 대한 맞춤자문 3회 이내지만 내용에 따라 자문횟수를 1회 추가 지원한다.

　경기도 창업프로젝트는 창업자의 기술과 아이디어를 구체화하고 사업화가 가능하도록 촉진하고 있다. 지원 대상은 예비창업자(1년 미만 창업기업)으로 기업지원정보포털(www.egbiz.or.kr) 온라인 신청 후 이메일 접수를 하면 된다. 지원

• Chapter 07 창업 지원제도 •

절차는 사업계획서 작성(참여) 신청, 참여자 선정(1~2차 심층평가), 창업지원, 프로그램참여, 보육센터 입주지원, 판로개척 등 사후관리가 포함된다. 최대 1,500만원의 사업화지원금 지원,도내 창업보육센터 입주시 우대 등이 있다.

소상공인 경영환경개선사업은 경기도내 소상공인의 경영애로사항을 실질적으로 해결 할 수 있도록 지원, 소상공인의 지속경영과 사업 경쟁력을 강화가 목적이다. 경기도 내 창업 6개월 이상인 "소상공인 보호 및 지원에 관한 법률" 제2조에 따른 소상공인 사업자로 창업일 기준은 사업자등록증 등록일, 해당 사업 공고일로부터 6개월 이상이어야 한다. 위생관리비, 안전관리비, 홍보(광고)비, 점포환경개선 경비지원 등이다.

용인시 경력단절여성 채용기업 취업장려수당 지원은 어려움을 겪고 있는 실직여성 및 출산 육아 등으로 경제활동이 중단된 경력단절 여성을 고용하는 기업에 장려수당을 지급 하여 고용 촉진 안정을 도모하는데 있다. 월20만원, 1인 × 6개월, 업체당 3인으로 최근 2년 이내 경력단절여성 채용한 관내 중소 제조업체다. 경력단절여성은 만30세 이상의 여성 근로자로 당해 회사 입사 이전 1년 이상의 고용 공백이 있었거나 고용이력이 전무한 여성근로자다.

인천시는 일자리창출을 위한 창업금융 보증 지원 대상으로 인천시 소재 창업 후 5년 이내 신용등급 7등급 이상으로 제조업, 도매업, 지식기반서비스업에 해당되는 기업이다. 재단에서 지정한 창업교육기관의 교육을 수료한 창업기업, 지식재산권 보유기업, 자동차 정비, 이미용 등 국가기술 자격증을 보유한 창업기업, 인천신용보증재단 홀로서기 관련 협약기관 추천기업, 사회복지 서비스업(단, 비영리 기업 제외), 이동음식점업 중 푸드트럭을 영위하는 기업이 해당된다(보증한도 기업 당 1억원 이내, 제조업 2억원 이내).

함께하는 인천사람들 특례보증은 미취업자 및 창업예정자에 대한 창업지원을 통해 지역경제 활성화와 서민생활 안정 도모하는데 목적이 있다. 상시 신청이며 지원대상은 (사)함께하는 인천사람들에서 창업지원교육을 수료하였거나 수료중인 자로서 (사)함께하는 인천사람들에서 추천서를 교부받은 자가 운영(창업) 중인 기업이다.

강원도는 지역SW성장지원을 하고 있는데 지역SW중소기업 육성을 위한 5대 중점분야 지원(기술지원, 마케팅지원, 네트워크구축, 인력양성, 창업지원)으로 지역 SW기업 성장, 마케팅, 제품 국산화, 해외진출 및 산업기반 인프라 지원 등을 통해 지역경제 활성화를 하고 있다. 그 대상은 강원 영동지역 내에 소재한 IT분야 중소·중견기업으로 인력양성(재학생 취업 등), 창업지원(지역 내 신규창업을 위한 창업 프로그램 연계, 창업컨설팅, 창업관련 교육 등)이 있다.

강원저작권서비스센터 운영사업은 저작권 교육 세미나, 찾아가는 상담 서비스, 등록 지원 및 콘텐츠 사업화 지원 등 수도권에 편중되어있던 저작권 서비스를 확대 지원해 올바른 저작권 창작 유통 저작권 생태계를 구축하는데 있다. 저작권 분쟁 사전 예방 대응 능력 향상 등 중소기업 대상 저작권 애로사항 해소, 지식재산 역량 강화, 지역 콘텐츠 기업 발굴·육성이 주요 내용이다. 지원대상은 강원도 내 정보통신기술 기업, 중소기업, 예술인 등이다.

전자상거래 교육 컨설팅 지원은 중소기업의 e-비즈니스 활성화를 위한 온·오프라인 교육 맞춤형 컨설팅으로 전자상거래 집합 교육(100개 기업), e-비즈니스 컨설팅(19개 기업)이다.

대구 경북에서는 BIG기업 경영기술 컨설팅 지원 사업을 실시하고 있다. 그 대상은 경북 동해안(포항, 경주, 영덕, 울진) 소재 제조업, 지식서비스업 분야 중소·벤처기업, 예비창업자다(지진 피해 지역 기업, 예비창업자 포함). 경영 기술 자문 지원(전문가 활용비), 경영 자문 지원(기업 경영 애로사항 해결 자문)을 하고 있다.

2018년 기업인턴사업은 청년층 미취업자에게 지역기업에서 취업기회를 제공하고 참여 기업에 인건비를 지원해 지역 청년실업 완화하는데 목적이 있다. 인턴 지원요건은 신청일 현재 대구광역시에 주민등록이 되어 있는 자(만35세 이상 39세 이하 미취업자, 학력 무관)로 기업은 대구 소재 고용보험 피보험자수 5인 이상 중소기업이다. 지원금액은 1인당 570만원(기업 450, 참여자 120), 정규직전환지원금은 인턴기간 종료 후 정규직 전환 시 150만원(기업), 고용유지장려금은 정규직 전환 6개월 후 고용유지 시 420만원(기업 300, 참여자 120)이다.

부산 울산 경남에서는 경상남도 소상공인 창업 및 경영안정자금 융자로 경남 도내에 사업자로 등록한 소상공인 보호 및 지원에 관한 법률에 의한 소상공인이다. 광업·제조업·건설업 및 운수업(상시종업원 10인 미만 업체), 도·소매업 등

기타 업종(상시종업원 5인 미만 업체)에 해당된다. 창업자금은 가게 증축 개축, 신규창업 대출금으로 사업자등록 후 6개월 이내 영업 중인 소상공인이다.

경상남도 희망두드림 특별보증은 신용보증신청 접수일 현재 경상남도에 사업자등록 후 가동(영업) 중이면서 기업 대표자가 저신용(6~10등급) 또는 저소득(연소득 3천만원이하)인 소상공인, 대표자가 사회적 취약계층인 소상공인이다. 자금 종류는 창업자금과 경영안정자금을 포함한다.

광주 전북 전남에서 골목상권 특례보증은 대형유통업체의 입점확대로 골목상권이 급격이 위축을 타개하기 위한 운영자금 지원으로 골목상권 자생력 강화와 지역경제 활성화 도모를 목적으로 한다. 골목상권 사업 중인 소기업, 소상공인을 대상으로 지원하고 있다.

청년 수출기업 해외마케팅 지원은 전년도 수출 2천만 불 미만의 청년(만 18세 ~ 만 45세)이 대표인 중소기업(공고일 기준 기업 설립일이 15년 이내인 기업)에 해외박람회 참가, 판촉행사, 홍보물 제작 등 총 사업비의 80% 이내를 지원한다.

전남 청년 근속 장려금(청년인턴제) 지원 사업은 인턴과 정규직(만 18세 이상 39세 이하의 청년)으로 전라남도에 소재하고 청년을 인턴 또는 정규직으로 신규 채용하거나 채용된 청년이 근속하고 있는 5~300인 미만의 기업이다. 영농조합 법인, 영어조합 법인, 농업회사 법인, 지역ICT기업, 벤처기업, 산학협력취업패키지 과정 및 선취업 후진학 과정 가족기업의 경우는 상시근로자 수와 무관하며 상시근로자 수의 30%이내에서 최대 7인까지 지원한다.

제주는 사회적경제 학습동아리 지원 사업으로 지역사회 또는 시민사회의 이해당사자들이 다양한 생활경제의 필요를 충족하기 위해 자발적이고 호혜적으로 참여하여 사회적경제에 대한 지식을 습득하고 공유하는 모임이다. 사회적경제기업 내 자기주도 학습을 활성화하여 기업 내부 성장을 이끌어 가는 모임으로 시민 동아리(제주지역에 5인 이상의 자발적 구성원), 사회적경제기업 종사자 동아리(5인 이상 기업 내부 또는 연합 종사자)를 대상으로 한다. 학습 내용은 지역문제 해결하기, 교육 도구 개발, 공유경제·소셜벤처 사례 탐구, 사회적경제 이론, 기업비전 조직소통, 상품(서비스)개발 등으로 강사비, 자문비, 도서구입비, 자료인쇄비, 활동비(다과, 회의비) 등을 지원받을 수 있다.

대전 충북 충남은 기업도우미제 운영하고 있다. 기업도우미 역할은 기업 애로·불편사항 건의, 기업도우미 희망기업 중심 지정으로 대전시 기업지원 정책(금융·기술지원, 산업용지 개발, 수출·판로 지원 등) 설명 안내며 정기적(월 1회 이상)으로 기업을 방문하여 기업 애로·불편사항을 발굴 해결하는데 있다. 기업도우미는 인사이동에 상관없이 해당 기업 지속 관리하며 기업(인)—기업도우미(공무원)가 1:1 매칭으로 기업 애로사항부터 관행, 규제 개혁, 제도개선까지 원스톱으로 기업 지원 서비스 추진한다.

2. 지역 단위 사업 현황

지역 단위 사업 현황도 전국 단위와 마찬가지로 "세부사업"과 "내역사업"을 중심으로 정보를 검색하면 담당 부처(부서)를 찾을 수 있다. 자세한 사항은 해당 홈페이지 "공지사항", "새 소식", "공고" 게시판 등을 수시로 봐야 한다. 만약 내용을 읽어도 이해가 어렵거나 중의적 표현인 경우는 전화, 이메일, 직접 방문해야 한다. 교통편에 불편이 없다면 직접 방문해서 담당자에게 조금이라도 질의 응답할 수 있으면 더욱 좋다.

특히, 지역 사업은 사람이 많이 다니는 교차로 "현수막", 지역 신문, 주민 센터 앞 공지사항 등을 유심히 살펴보면 의외의 소득을 얻을 수 있다. 이 책에서는 어느 정도 단위가 큰 사업이나 프로그램만 알려주는데 일시적으로 소액(창업자 입장에서는 거액이다)을 지원해주는 경우는 직접 발로 걷다보면 찾을 수 있다.

대학교에서 대자보나 포스터를 눈여겨보면 얻을 것이 있듯이, 지역 사업은 현장에서 찾을만한 내용이 많다. 만약 그것이 선착순이라면 즉시 신청해서 결과를 기다려보도록 한다(신청자가 미달되는 일이 간혹 있는데 이때는 신청자에게 혜택이 고스란히 돌아간다).

〈표 16〉 공모사업(자치단체보조사업)

(단위: 백만 원)

단위사업	세부사업	내역사업	지원예산	지원대상
장년희망 찾기지원	사회공헌활동지원	사회공헌활동지원	5,459	지방자치단체
노사협력	합리적 노사관계 지원	노사평화의전당 건립 지원	500	지방자치단체
노사문화구축	지역 노사민정 협력 활성화	협의회 사업 지원	1,900	「지역 노사민정 협의회」설치 자치단체

• Chapter 07 창업 지원제도 •

지역고용 촉진지원	지역산업맞춤형 일자리창출지원	지역산업맞춤형 자치단체 지원 사업	123,600	지방자치단체
		창조경제혁신센터 지원 사업	1,025	지방자치단체
학교와 노동 시장연계 지원	청년취업진로 및 일경험지원	대학창조일자리센터	300	대학
		중소기업탐방프로그램	36	위탁기관
		재학생직무체험프로그램	57	기업, 대학

자료 : 고용노동부 홈페이지. 2017년 보조사업 총괄표 및 세부사업계획

지역 단위 사업과 프로그램은 개인의 교육, 지역 활동 단체(기업)에 대한 직접 지원이 많다. 특히, "선착순", "일정 요건을 갖추면 지원받을 수 있는" 프로그램이 많다는 점에서 평소에 관련 홈페이지, 현수막, 공공기관 게시판 등을 유심히 보는 습관을 가지면 좋다.

〈표 17〉 비공모사업(자치단체보조사업)

(단위: 백만 원)

단위사업	세부사업	내역사업	지원 예산	지원대상
사회적기업 육성	사회적기업육성	사회적기업 사업개발비(공모)	16,800	지방자치단체
		사회적기업 사업개발비(지역특화)	2,080	지방자치단체
한국잡월드 운영	호남권 직업체험센터	호남권 직업체험센터 건립 지원(지방이전비)	6,000	전라남도 순천시
사회적기업 육성	사회적기업 육성(일자리창출, 생활)	사회적기업 일자리창출 지원	65,647	지방자치단체
		사회적기업 사회보험료 지원	6,535	지방자치단체

제주이관업무지원	직업안정기관운영(지특)	직업안정기관운영	924	제주특별자치도
	취업성공패키지지원(지특)	취업성공패키지 지원(지특)	1,133	제주특별자치도
	사회적기업육성(특행)	사회적기업육성 (특행)	3,363	제주특별자치도
	신규실업자등직업훈련	신규실업자 등 직업훈련	306	제주특별자치도
	제주노동위원회지원	제주지방노동위원회 전문성강화 (회의수당 등 지원)	149	제주특별자치도
		제주지방노동위원회 청사관리 지원	69	제주특별자치도
		제주지방노동위원회 인력지원	736	제주특별자치도
		제주지방노동위원회 기본경비 지원	92	제주특별자치도
	제주고용센터업무지원	제주고용센터업무지원	1,478	제주특별자치도
자치단체직업능력개발지원(제주)	자치단체직업능력개발지원(제주)	자치단체직업능력개발지원(제주)	235	제주특별자치도
사회적기업육성	사회적기업육성(일자리창출, 세종)	사회적기업육성(일자리창출, 세종)	635	세종특별자치시
민간고용서비스지원	취약계층취업지원	경력단절여성취업지원(자치단체)	2,325	지방자치단체
		심리안정지원프로그램운영(제주)	30	제주특별자치도
		집단상담프로그램운영(제주)	72	제주특별자치도
		채용박람회운영(제주)	28	제주특별자치도
지역고용촉진지원	지역산업맞춤형일자리창출지원	제주도 고용창출 지원 사업	68	지방자치단체
실업자및근로자능력개발지원	전직실업자등능력개발지원	전직실업자능력개발지원	29	제주특별자치도

고령자고용촉진지원	중장년층 취업지원	고령자인재은행(제주)	155	제주특별자치도
기금운영비	고용안정사업 운영	고용안정사업운영	5	제주특별자치도
	실업급여운영 기타경비	실업급여운영	79	제주특별자치도
	직업능력개발 사업운영	직업능력개발사업 운영(제주)	7	제주특별자치도

자료 : 고용노동부 홈페이지, 2017년 보조사업 총괄표 및 세부사업계획

전국과 지역 단위 사업과 프로그램은 이 책에서 모두 다룰 수 없을 정도로 다양하고 매달, 분기, 학기(방학 포함), 상반기와 하반기, 연간 단위로 진행된다. 어떤 경우는 창업 지원 제도 담당자조차 관리하는 사업이 많아서 애먹을 때가 심심치 않게 있다. 그렇기 때문에 자신에게 맞는 지원 제도를 일단 찾아내는 것이 중요하며 직접 방문하는 등의 노력으로 최대한 "받을 수 있는 것은 받아야" 한다.

창업하고 실패를 겪은 다음 다시 창업했던 사람의 소감을 살펴보면 "정부의 다양한 지원"을 받을 것을 권유하고 있다. 창업이 성공적으로 이루어지기 어렵다는 내용이면서도 끝까지 포기하지 않고 도전하라는 긍정적인 사고방식도 드러난다.

> 벼랑 끝에서 다시 잡은 기회 : 준비된 재도전으로 성공의 싹을 틔운다
>
> 자신감 하나만으로 시작한 사업은 예상치 못한 많은 어려움과 부딪혔다. 시장 예측은 빗나가고, 예상하지 못한 비용이 늘어 사업을 이어갈 수 없었다. 또 외환위기와 지진 같은 외부 변수도 사업을 위기로 몰아넣었다.
>
> 사업 실패는 자신은 물론 주변까지 큰 고통을 남겼다. 정상적인 일상생활조차 할 수 없는 나락까지 떨어지곤 했다. 그랬던 그들이 다시 기회를 얻고 희망을 품을 수 있었다.
>
> 이를 통해 재도전에 나선 이들은 벼랑 끝에서 다시 잡은 기회가 더없이 소중했다. 같은 실수를 반복하지 않기 위해 더 열심히, 그리고 신중하게 준비했다. 재창업자들은 "준비된 재도전만이 열매를 맺을 수 있다."라고 조언했다. 귀를 열어두고 많은 조언을 들어야 하며, 철저하게 사업계획을 수립해 예상치 못한 돌발 변수도 대비해야 한다고 했다. 그리고 혼자서 고민하지 말고, 정부의 다양한 창업지원 프로그램의 도움을 받으라고 강조했다.
>
> 실패를 극복하고 재기를 준비해 재창업에 성공한 사례는 많은 재도전하는 기업에 희망과 실질적인 도움이 될 것이다. 실패라는 아픈 상처가 재도전 과정에서 큰 자산이 될 수 있다. 재창업자들이 겪은 이전의 실패는 앞으로의 도전을 위한 디딤돌이 되고 있었다. 이미 겪어봤기 때문에 무엇을 하고, 무엇을 하지 말아야 할지 그들은 잘 알고 있었다. 그리고 자신과 같은 실수를 다른 창업자나 재창업자들이 되풀이하지 않기를 진심으로 바랐다.
>
> 출처 : 중소벤처기업부·창업진흥원(2017). 2017 재창업 우수사례집(재도전, 다시 시작하는 이유). 머리말.

창업과 재창업 모두 정부 지원 제도를 잘 알고 있으면 모르는 것보다 여러모로 도움이 된다. 자금 지원만이 아니라 멘토링이나 컨설팅 등은 상시적으로 운영되는 상태이므로 전국 또는 지역 단위에서 이를 잘 활용해서 격려와 조언을 듣기를 바란다.

맺음말

　　창업가 기업가정신을 바탕으로 실질적으로 궁극적으로 추구하는 것은 "이윤 추구", 이른바 부를 창출하는데 있다. 어쩌면 부자가 되고 싶은 마음에 창업하겠다고 다짐한 사람이 많을 것이다. 누구나 현재보다 더 나은 미래를 꿈꾸고 살며 그 꿈을 실현하는 가장 좋은 수단 가운데 하나가 바로 '돈을 많이 버는 것'이다.

　　창업과 기업가정신이라는 분야는 매우 넓고 다양하지만 일상을 자세히 둘러보면 어디서나 크고 작게 찾아볼 수 있다. 창업은 성공과 실패가 공존하며 어떤 때는 성공했는지 실패했는지 판가름하기 어렵다. 최근 한국 경제가 돌파구를 찾는데 무척 애 먹는 가운데 무작정 창업을 하라고 권유하기도 어려운 것이 솔직한 심정이다.

　　창업가는 스스로 기업가정신을 가지고 아이디어를 창출해서 제품이나 서비스를 만들어내는 사람이다. 선천적인 능력도 있지만 후천적으로 계발할 여지가 더 있으며 정부, 기업, 대학에서 다양한 지원과 교육을 운영하고 있다. 특히, 지원 제도와 교육에 직결되는 부분으로는 법률, 세무, 노무가 있다. 이러한 내용을 잘 숙지해서 사업기획서를 작성하고 마케팅 전략을 수립하면 그만큼 실패 가능성을 낮

· Conclusion 맺음말 ·

출 수 있다.

물론 "사업"은 지식, 기술, 의지만으로 다 되는 것은 아니다. "운칠기삼(運七技三)"이라는 말이 널리 회자되듯이 제품이나 서비스 출시와 판매에서 "운"과 "때(시점)"을 무시할 수는 없다. 그런데 이렇게 사람의 노력으로 불가항력인 경우를 제외하고 긍정적 사고와 의지로 창업해 확장과 안정화 단계에 이를 수 있다.

시작은 작지만 "확장"되는 사례는 주변에서 어렵지 않게 찾아볼 수 있다(맛집 등). 일단 고용이 늘어나고 매출이 늘어나면 확장되었다고 할 수 있다. "안정화"는 처음에 어려웠지만 점차 업무가 익숙해지고 똑같은 시간에 많은 일을 잘 할 수 있을 때 느끼는 감정이다. 이에 발맞춰서 제품이나 서비스가 꾸준하게 잘 팔리는 단계에 해당한다. 처음에 한 개 파는 것도 어려웠는데 이제는 제법 판매되어 이윤을 얻을 수 있다면 안정화가 시작되었다고 볼 수 있다. 작은 돈이 더 큰돈을 낳는다는 말은 아래와 같이 표현할 수 있다.

> "돈은 번식해서 자식을 낳는다. 돈은 돈을 낳을 수 있고 그렇게 태어난 돈은 더 많은 돈은 더 많은 돈을 낳을 수 있다. 이런 일은 반복된다. 액수가 많을수록 한 번 운용할 때마다 생기는 돈도 그만큼 많아진다."
> 출처 : 막스 베버, 프로테스탄티즘 윤리와 자본주의 정신, 김현욱 옮김, 동서문화사, 2017, 30쪽.

청년층 입장에서는 창업이 더 막막하게 느껴질 수밖에 없다. 취업도 어려운데 창업을 하라니 체감하기 어렵다. 아직까지는 많지 않지만 빛나는 아이디어와 밤을 새우는 노력으로 창업해서 사업을 유지하고 있는 사람들이 있다. 그러한 사람들은 개인 역량을 바탕으로 주변 사람의 지지와 조언, 시행착오, 경험으로 터득한 지식 등이 한꺼번에 뒤섞여서 제품과 서비스를 만들어 낸다. 그런데 성공하는 사람만

■■■

있는 것이 아니라서 실패하고 다시 도전하는 사람도 있으며 아예 창업 영역에서 벗어나는 사람도 많다. 이는 청년층만이 아니라 중장년층과 노년층에도 해당된다.

그렇지만 전국의 수많은 사업체가 존재하고 창업한 사람과 그곳에 종사하는 사람, 잠재적으로 창업을 꿈꾸는 사람들, 사업자로 등록하지 않았지만 사실상 창업가인 사람까지 합하면 한국 전체 인구의 절반에 이른다. 이른바 누구나 창업에 대한 생각과 감정을 잠재적으로 가지고 있다. 한국에 거주하는 외국인, 외국에 진출한 한국인까지 고려하면 기업가정신을 가진 창업가는 더욱 많아진다. 창업과 기업가정신을 실제 시장에서 뛰는 사람만 생각하지 말고 내가 알고 있는 주변 사람 모두 이런 의식을 가졌다고 봐도 무리가 아니다.

최근 정부에서 "50 플러스"에 관한 사업을 활발하게 진행하는데 "퇴직 후 인생 설계", "인생 2모작", "100세 시대"와 같은 표현은 모두 맥락이 같다. 그런데 현재 청년층은 이변이 없으면 "초고령자"로 사회 구조 변화에 적응하면서 살아가야 한다. 어쩌면 "인생 3모작"을 해야 할지도 모르는 상황에서 창업과 기업가정신에 관한 지식은 실제 창업의 성공을 위해, 삶의 지혜를 쌓는다는 차원에서 많이 알아둘수록 손해될 것이 없다.

다만, 창업과 기업가정신에서 모든 분야를 다루지 못한 까닭에 각 장마다 깊이 있는 설명을 하는데 한계가 있음을 인정한다. 정부의 사업과 프로그램이 수시로 변동되기에 책에 있는 내용이 없거나 다른 명칭(형태)로 바뀌었을 수도 있다. 그렇지만 담당 부처(부서)는 거의 변하지 않기에 인터넷, 전화, 방문 등을 통해서 언제든지 문의가 가능하다. 경영학, 행정학, 법학 등이 섞여서 실제로 써먹을 수 있는 지식을 전달하는 창업과 기업가정신을 통해서 이 책을 읽는 분들의 성공을 기원한다.

참고문헌

경기지방중소기업청·경기도청·경기지역창업보육센터협의회(2017). 2017 창업보육센터.

경기지방중소벤처기업청·경기창조경제혁신센터(2018). 스타트업(Financing Support Day).

경민대학교(2017). 경기도 창업 활성화와 성장 역량 강화를 위한 시스템 구축 방안.

고용노동부(2018). 채용절차 공정화에 관한 법률 업무 매뉴얼.

고용노동부(2018). 2017년 보조사업 총괄표 및 세부사업계획.

고용노동부(2018). 직장 내 성희롱 예방·대응 매뉴얼.

고용노동부·최저임금위원회(2018). 최저임금 팜플렛.

고용노동부·한국고용정보원(2017). 2017 한국직업전망.

고용노동부(2017). 사장님! 지금, 시작해보세요!(2017 사업주 지원제도 안내서).

고용노동부·보건복지부·근로복지공단·국민연금(2017). 두루누리 가이드북.

고용노동부·한국사회적기업진흥원(2017). 큰 기업이 큰 생각을 만나다.

관계부처합동(2018). 청년일자리대책 종합자료.

· Reference 참고문헌 ·

교육부 · 한국연구재단 · (재)한국청년기업가정신재단(2016). 대학, 스펙업을 넘어 스타트업으로.

교육부 · 한국직업능력개발원(2017). 고등학생의 진로탐색을 위한 창업동아리 가이드북.

국세청(2018). 2018 생활세금 시리즈.

국세청(2018). 중소 · 중견기업 경영자를 위한 가업승계 지원제도 안내(상속 증여세).

국세청(2018). 세금절약 가이드 Ⅰ(부가가치세 종합소득세).

국세청(2018). 신규사업자가 알아두면 유용한 세금정보.

국세청(2018). 성실납세 지원제도 팜플렛. 세무서 민원실에 비치된 것.

국세청(2018). 체납액 납부의무 소멸특례 제도 팜플렛. 세무서 민원실에 비치된 것.

기업마당 · 중소기업청(2017). 2017년도 중소 · 중견기업 지원시책.

기획재정부 · 한국사회적기업진흥원(2018). 사회적협동조합 설립 가이드북.

기획재정부 · 한국사회적기업진흥원(2018). 2018 협동조합 정책 활용 길라잡이 (전국사업).

기획재정부 · 한국사회적기업진흥원(2018). 2018 협동조합 정책 활용 길라잡이 (지역사업).

김영재(2012). 한국 청년실업 유형별 전략적 관리방안에 관한 연구, 단국대학교 박사학위논문.

막스 베버(2017). 프로테스탄티즘 윤리와 자본주의 정신. 김현욱 옮김. 동서문화사.

박종하(2016). 아이디어 요리하는 아이디어. 끌리는 책.

박천수 · 박 동 · 김수진(2014). 청년창업지원정책 참여자의 창업 인식.「KRIVET

Issue Brief」54. 한국직업능력개발원.

세종시 창업벤처 기관협의회(2018). 세종 창업을 꿈꾸다.

세종창조경제혁신센터(2018). 스타트업지원 가이드북 1.0.

오세덕·이명재·강제상·임영제(2018). 조직행태론. 윤성사.

윤영돈(2017). 기획서 마스터. 이지현 그림. 새로운제안.

윤영돈(2017). 글쓰기신공. 경향미디어.

윤영돈·이병주(2017). 보고서 마스터. 가디언.

중소기업벤처부(2018). 2018년 창업성공패키지 사업화지원 청년창업사관학교 (예비)창업자 모집 공고(공고 제2018- 51호).

중소기업벤처부(2018). 2018 창업지원사업.

중소기업벤처부·창업진흥원·한국청년기업가정신재단(2018). 글로벌 기업가 정신 연구 2017 한국보고서.

중소기업청·한국청년기업가정신재단(2015), 경영학적 접근에서의 한국 기업가 정신의 변천과정과 재활성화 방안 연구(이춘우·류준열, 제2장, 한국중소기 업학회).

중소기업청·한국청년기업가정신재단(2015), 사회학적 접근에서의 한국 기업가 정신의 변천과정과 재활성화 방안 연구(한 준·김수한, 기업가정신 활성화방 안, 한국사회학회).

중소기업벤처부·창업진흥원(2017). 2017년 창업기업 실태조사.

중소기업벤처부·교육부·창업진흥원·한국연구재단(2017). 대학 창업통계 조 사 결과 보고서.

Reference 참고문헌

중소기업진흥원(2018). 국내 소셜벤처 생태계 진단과 해외 정책 사례.

중소기업청·(사)한국창업보육협회(2016). 한국창업보육백서.

중소기업청·창업진흥원(2013). 1인 창조기업 열정과 도전(1인 창조기업 우수 사례집).

필립 코틀러·허마원 카타자야·후이 젠 후안(2017). 마켓 4.0 시대 이기는 마케팅. 김민주·이엽 옮김. 한국경제신문.

한국경영자총협회(2017). 2017년 신입사원 채용실태 조사.

한국고용정보원(2017). "창의적 아이디어로 새로운 일자리 찾기, 창직이야기", 「서울대학교 호암교수회관 무궁화홀」. 창의적 일자리 창출을 위한 열린토론회.

한국고용정보원(2017). 직종별 직업사전.

한국고용정보원(2016). 미래로 여행하는 청춘을 위한 안내서.

한국노동연구원(2018). 노동판례리뷰(1월, 5월, 6월).

한국사회적기업진흥원(2018). 한 손에 잡히는 사회적 기업.

한국장애인고용공단(2018). 직장 내 장애인 인식교육 개선 안내 리플렛.

Memo

부록

(부록1) 표준 이력서와 자기소개서 양식

표준 이력서(안) 및 자기소개서

<필수항목>

지원자 성명

주소 (우편번호)
　　(현거주지)

연락처	전화번호	전화	휴대전화
	전자우편		

주요 경력사항	회사명	담당 업무(직무내용)	근무기간(연, 월)
			년　월 ~ 년　월
			년　월 ~ 년　월

자격증 및 특기사항	관련 자격증		(　년　월 취득)
			(　년　월 취득)

자기소개 등 활동사항	

취업지원 대상자 여부	보훈번호			
장애인 여부	장애종별	등급	장애인 등록번호	
저소득층 여부	구분	「국민기초생활보장법」상 수급자	「한부모가족지원법」상 보호대상자	
	해당여부			

· Supplement 부록 ·

◈ 기초심사자료 작성 시 유의사항

※ 자격증·학위 등 증빙자료는 추후 서류전형 합격자만 별도 제출하게 되므로, 기초심사서류 제출 시에는 증빙자료를 첨부하지 않도록 할 것

◈ 필수

1. 주요 경력사항

근무처 (부서)	근무기간	근무월수 (월일수)	직위 (급)	주요업무실적
1. OO 기업(OO팀)	20XX.X.X. ~ 20XX.X.X.	XX개월	대리	

【작성요령】

① 담당예정업무와 관련된 경력 및 실적을 모두 기재(최근 경력 및 실적부터 기재)

※ 본인이 기재한 사항에 대해서는 서류전형 합격 후 별도의 증빙자료를 제출받아 사실여부를 확인할 예정이니 증빙가능한 사실만 기재

② 근무월일수는 근무기간별 경력을 월단위로 합산하여 기재하고, 1달 미만인 경우 일수로 표

※ 예시) 1년 2월 10일 → 14개월 10일

※ 현재 근무 중인 경력은 최종시험일(0000.00.00)을 근무기간 종료일로 기재

③ 직위(급)는 재직기간 중에 있었던 모든 직위(급)을 나누어 기재

2. 자격증 보유 현황

자격종목	자격증번호	합격년월일
1. OO자격증	XXXXXX	2009. 3. 28.
2.		
3.		

※ 자격증취득예정자의 경우 면접시험 최종일(0000.00.00.)기준으로 자격증을 취득하여야 하며, 자격종목, 자격증취득예정일, 교부기관을 반드시 기재하여야 함

※ 자격증번호가 없는 경우 공란으로 둘 것

3. 취업지원대상자 여부

보훈번호	

【작성요령】

① 아래 기준에 따른 '취업지원대상자'인 경우 보훈번호를 기재

· Supplement 부록 ·

※ [취업지원 대상자] :『독립유공자에 관한 법률』제16조,『국가유공자 등 예우 및 지원에 관한 법률』제29조,『보훈보상대상자 지원에 관한 법률』제33조,『5·18민주유공자 예우에 관한 법률』제20조,『특수임무유공자 예우 및 단체설립에 관한 법률』제19조에 의한 취업 지원대상자 그리고『고엽제후유의증 등 환자지원 및 단체설립에 관한 법률』제7조에 의한 고엽제 후유의증 환자와 그 가족

4. 장애인 여부

장애종별	등급	장애인 등록번호

【작성요령】

① 아래 기준에 따른 '장애인'인 경우 장애인증명서 상의 내용을 기재

※ [장애인] :『장애인복지법시행령』제2조,에 따른 장애인 및『국가유공자 등 예우 및 지원에 관한 법률 시행령』제14조 제3항에 따른 상이등급기준에 해당하는 자

5. 저소득층 여부

구분	「국민기초생활보장법」상 수급자	「한부모가족지원법」상 보호대상자
해당여부		

【작성요령】

① 아래 기준에 따른 「저소득층」인 경우, 해당하는 항목에 'O'로 표시

※ [저소득층] :『국민기초생활보장법』에 따른 수급자 또는『한부모가족지원법』에 따른 보호대상자에 해당하는 기간이 급여 수급 시작일로부터 원서접수 마감일(0000.00.00.)까지 계속하여 2년 이상인 사람

◈ 필요시 추가사항

6. 연구실적

■ 논문지 발표/학술대회 발표/저서발간 등 실적

제 목	연구자/저자	발표논문지(논문지 종류) / 발표대회 / 출판사	발행(발표) 연월일	비고
1.				
2.				
3.				

※ 논문지 발표/학술대회/저서발간의 주요 내용이 동일할 경우 대표적인 것 한가지만 기재

【논문지 발표】
① 연구자수(참여기여도)는 논문에 기재된 순서대로 참가자 명단을 모두 기재

· Supplement 부록 ·

　　예시) 1인, 2인(주저자), 2인(제2저자), 3인(주저자), 3인(교정저자), 3인(000, 000, 000)

　　② 발표논문지명은 논문을 발표한 저널지명을 기재

　　③ 논문지 종류는 SCI, SCIE, 학술진흥재단 등재논문 또는 후보논문, 기타 등으로 기재

【학술대회】

　　① 연구자는 발표된 학술지에 기재된 순서대로 모두 기재

　　② 발표대회 및 발표지명은 발표된 학술대회 및 발표지명 등을 기재하며, 국내/국외로 구분하여 기재

　　③ 전문논문지 발표실적에 기재된 내용은 제외

　　※ 발표내용이 동일한 경우에는 발표시기, 발표지가 다르다 하더라도 하나만 인정

【저서발간】

　　① 공동저자의 경우 저자명을 모두기재

　　② 비고란에 발간목적 기재 (순수창작저서 또는 교재, 시험서적, 강의용 교재 등)

■ 연구용역 실적

제 목	참여기여도	연구용역 발주기관 ( )	연구용역 수행기관	계약금액	연구용역 기간
1.					
2.					

【연구용역】

① 참여기여도 : 용역수행과정에서 본인 역할이 책임연구원 또는 단순참여자인지를 기재

※ 용역참가 사실 및 기간을 확인한 후 기재

② 연구용역 발주기관이 국외인 경우는 ( )에 국가명을 표시

③ 계약금액은 만원단위로 기재

④ 연구용역기간은 계약서상의 명기된 기간을 기재 (예시) 2005. 3. 2. ~ 2005. 9. 30.

⑤ 연구용역 실적은 용역참가 사실을 증빙할 수 있는 것만 제출

6-1. 연구실적 제목

○ 주요내용(소제목)
 - 굴림 12P

【작성요령】

① 연구실적별 주요내용은 반드시 A4용지 1/2매이내의 분량으로 작성

② 외국어로 작성된 논문은 한글로 번역하여 작성

※ 연구 실적이 추가적으로 있는 경우에는 「7-2, 7-3 … 」등의 순으로 추가 기재하되, 최대 5개까지만 작성

7. 특허·기술개발 실적

■ 특허 출원 또는 등록 실적

특 허 명 ( )	발명자	출원자	특허 출원		특허 등록	
			출원일	출원번호	등록일	등록번호
1.						
2.						

【작성요령】

① 국제특허인 경우 특허명( )안에 '국제'라고 기재

② 발명자 명단은 모두 기재

③ 특허를 출원한 경우에는 특허출원란만 기재하고, 특허를 출원하여 등록까지 마친 경우에는 특허출원란 및 특허등록란에 모두 기재

■ 기술개발 발표 실적

제 목	연구자	발표지	발표(발행) 연월일
1.			
2.			

【작성요령】

① 연구자는 공동 개발의 경우 참여한 연구자를 모두 기재하고 본인의 역할 표기

② 발표지는 기술개발이 발표된 학술지, 신문지 등을 기재

7-1. 특허/기술 제목

○ 200자 이내로 주요내용을 작성
○ 발명자 명단 :

【작성요령】

① 외국어로 작성된 특허출원내용은 반드시 한글로 번역하여 작성

※ 특허/기술개발 항목이 추가적으로 있는 경우에는「8-2」,「8-3」… 등의 순으로 5개까지 기재

8. 수상 실적

내 용	수상년월일	수여기관
1. 전산0000 경진대회	20XX. X. X.	
2.		

【작성요령】

① 사내대회 수상 실적 등 증빙이 불가능한 것은 실적으로 인정하지 않음

· Supplement 부록 ·

9. 기타 실적, 능력 등

○ 기타 위 항목에 해당하지 않는 실적 및 능력 등이 있을 경우 기재

【작성요령】
① 기타 실적, 능력 등은 반드시 A4용지 1/2매이내의 분량으로 작성

10. 자기소개서(모든 응시자는 반드시 작성)

○ 굴림 12p, 줄간격 160%로 작성

【작성요령】
① 경력응시자는 응시관련 업무와 관련된 경력사항(직무)를 상세히 기재할 것

(부록2) 표준근로계약서 유형별 양식

표준근로계약서(기간의 정함이 없는 경우)

_____(이하 "사업주"라 함)과(와) _____(이하 "근로자"라 함)은 다음과 같이 근로계약을 체결한다.

1. 근로개시일 :   년   월   일부터
2. 근 무 장 소 :
3. 업무의 내용 :
4. 소정근로시간 : ___시 ___분부터 ___시 ___분까지 (휴게시간 : 시 분~ 시 분)
5. 근무일/휴일 : 매주 ___일(또는 매일단위)근무, 주휴일 매주 ___요일
6. 임   금
   - 월(일, 시간)급 : _____원
   - 상여금 : 있음 (   ) _____원, 없음 (   )
   - 기타급여(제수당 등) : 있음 (   ), 없음 (   )
     · _____원, _____원
     · _____원, _____원
   - 임금지급일 : 매월(매주 또는 매일) _____일(휴일의 경우는 전일 지급)
   - 지급방법 : 근로자에게 직접지급(   ), 근로자 명의 예금통장에 입금(   )
7. 연차유급휴가
   - 연차유급휴가는 근로기준법에서 정하는 바에 따라 부여함
8. 사회보험 적용여부(해당란에 체크)
   ☐ 고용보험   ☐ 산재보험   ☐ 국민연금   ☐ 건강보험
9. 근로계약서 교부
   - 사업주는 근로계약을 체결함과 동시에 본 계약서를 사본하여 근로자의 교부요구와 관계없이 근로자에게 교부함(근로기준법 제17조 이행)
10. 기   타
    - 이 계약에 정함이 없는 사항은 근로기준법령에 의함

                    년   월   일

(사업주) 사업체명 :   (전화 :   )
         주   소 :
         대 표 자 :   (서명)
(근로자) 주   소 :
         연 락 처 :
         성   명 :   (서명)

· Supplement **부록** ·

표준근로계약서(기간의 정함이 있는 경우)

_____(이하 "사업주"라 함)과(와) _____(이하 "근로자"라 함)은 다음과 같이 근로계약을 체결한다.

1. 근로계약기간 :   년 월 일부터   년 월 일까지
2. 근 무 장 소 :
3. 업무의 내용 :
4. 소정근로시간 : __시__분부터 __시__분까지 (휴게시간 : 시 분~ 시 분)
5. 근무일/휴일 : 매주 __일(또는 매일단위)근무, 주휴일 매주 __요일
6. 임 금
    - 월(일, 시간)급 : _____원
    - 상여금 : 있음 (   ) _____원, 없음 (   )
    - 기타급여(제수당 등) : 있음 (   ), 없음 (   )
       · _____원, _____원
       · _____원, _____원
    - 임금지급일 : 매월(매주 또는 매일) ____일(휴일의 경우는 전일 지급)
    - 지급방법 : 근로자에게 직접지급(   ), 근로자 명의 예금통장에 입금(   )
7. 연차유급휴가
    - 연차유급휴가는 근로기준법에서 정하는 바에 따라 부여함
8. 사회보험 적용여부(해당란에 체크)
    □ 고용보험 □ 산재보험 □ 국민연금 □ 건강보험
9. 근로계약서 교부
    - 사업주는 근로계약을 체결함과 동시에 본 계약서를 사본하여 근로자의 교부요구와 관계없이 근로자에게 교부함(근로기준법 제17조 이행)
10. 기 타
    - 이 계약에 정함이 없는 사항은 근로기준법령에 의함

                              년   월   일

(사업주) 사업체명 :   (전화 :   )
        주   소 :
        대 표 자 :   (서명)

(근로자) 주   소 :
        연 락 처 :
        성   명 :   (서명)

단시간근로자 표준근로계약서

_____(이하 "사업주"라 함)과(와) _____(이하 "근로자"라 함)은 다음과 같이 근로계약을 체결한다.

1. 근로개시일 :   년   월   일부터
   ※ 근로계약기간을 정하는 경우에는 "   년   월   일부터   년   월   일까지" 등으로 기재
2. 근 무 장 소 :
3. 업무의 내용 :
4. 근로일 및 근로일별 근로시간

	( )요일	( )요일	( )요일	( )요일	( )요일	( )요일
근로시간	시간	시간	시간	시간	시간	시간
시업	시 분	시 분	시 분	시 분	시 분	시 분
종업	시 분	시 분	시 분	시 분	시 분	시 분
휴계 시간	시 분 ~ 시 분	시 분 ~ 시 분	시 분 ~ 시 분	시 분 ~ 시 분	시 분 ~ 시 분	시 분 ~ 시 분

  ○ 주휴일 : 매주 __요일

5. 임 금
   - 시간(일, 월)급 : _____원(해당사항에 ○표)
   - 상여금 : 있음 (   ) _____원, 없음 (   )
   - 기타급여(제수당 등) : 있음 : _____원(내역별 기재), 없음 (   ),
   - 초과근로에 대한 가산임금률:_____ %
     ※ 단시간근로자와 사용자 사이에 근로하기로 정한 시간을 초과하여 근로하면 법정 근로시간 내라도 통상임금의 100분의 50%이상의 가산임금 지급('14.9.19. 시행)
   - 임금지급일 : 매월(매주 또는 매일) _____일(휴일의 경우는 전일 지급)
   - 지급방법 : 근로자에게 직접지급(   ), 근로자 명의 예금통장에 입금(   )

6. 연차유급휴가: 통상근로자의 근로시간에 비례하여 연차유급휴가 부여

7. 사회보험 적용여부(해당란에 체크)
   □ 고용보험 □ 산재보험 □ 국민연금 □ 건강보험

8. 근로계약서 교부
   - "사업주"는 근로계약을 체결함과 동시에 본 계약서를 사본하여 "근로자"의 교부요구와 관계없이 "근로자"에게 교부함(근로기준법 제17조 이행)

9. 기 타
   - 이 계약에 정함이 없는 사항은 근로기준법령에 의함

                    년   월   일

· Supplement 부록 ·

(사업주) 사업체명 :　　　　　　　　　(전화 :　　　　　　)
　　　　　주　　소 :
　　　　　대 표 자 :　　　　　　　　　(서명)

(근로자) 주　　소 :
　　　　　연 락 처 :
　　　　　성　　명 :　　　　　　　　　(서명)

▷▷ 단시간근로자의 경우 "근로일 및 근로일별 근로시간"을 반드시 기재하여야 합니다.
다양한 사례가 있을 수 있어, 몇 가지 유형을 예시하오니 참고하시기 바랍니다. ▷▷

○ **(예시①)** 주5일, 일 6시간(근로일별 근로시간 같음)
- 근로일 : 주 5일, 근로시간 : 매일 6시간
- 시업 시각 : 09시 00분, 종업 시각: 16시 00분
- 휴게 시간 : 12시 00분부터 13시 00분까지
- 주휴일 : 일요일

○ **(예시②)** 주 2일, 일 4시간(근로일별 근로시간 같음)
- 근로일 : 주 2일(토, 일요일), 근로시간 : 매일 4시간
- 시업 시각 : 20시 00분, 종업 시각: 24시 00분
- 휴게 시간 : 별도 없음
- 주휴일 : 해당 없음

○ **(예시③)** 주 5일, 근로일별 근로시간이 다름

	월요일	화요일	수요일	목요일	금요일
근로시간	6시간	3시간	6시간	3시간	6시간
시업	09시 00분	09시 00분	09시 00분	09시 00분	09시 00분
종업	16시 00분	12시 00분	16시 00분	12시 00분	16시 00분
휴게 시간	12시 00분 ~ 13시 00분	-	12시 00분 ~ 13시 00분	-	12시 00분 ~ 13시 00분

- 주휴일 : 일요일

○ **(예시④)** 주 3일, 근로일별 근로시간이 다름

	월요일	화요일	수요일	목요일	금요일
근로시간	4시간	-	6시간	-	5시간
시업	14시 00분	-	10시 00분	-	14시 00분
종업	18시 00분	-	17시 00분	-	20시 00분
휴게 시간	-	-	13시 00분 ~ 14시 00분	-	18시 00분 ~ 19시 00분

- 주휴일 : 일요일

※ 기간제.단시간근로자 주요 근로조건 서면 명시 의무 위반 적발 시 과태료 (인당 500만원 이하) 즉시 부과에 유의('14.8.1.부터)

(부록3) 참고사이트

명칭	주소	주요 참고 사항
경제사회노동위원회	www.eslc.go.kr	
고용노동부	www.moel.go.kr	국번없이 1350
교육부	www.moe.go.kr	교육부 사업 사이트
국가통계포털	http://kosis.kr	
국세청	www.nts.go.kr	납세자별 정보
근로복지넷	www.workdream.net	
기업마당	www.bizinfo.go.kr	각종 정책 정보
기획재정부	www.mosf.go.kr	
내일채움공제	www.sbcplan.or.kr	
두루누리 사회보험	http://insurancesupport.or.kr	
서울신용보증재단	www.seoulshinbo.co.kr	
소상공인진흥재단	www.semas.or.kr	공지사항
신용보증재단중앙회	www.koreg.or.kr	
일자리위원회	www.jobs.go.kr	
중소기업벤처부	http://mss.go.kr/site/smba/main.do	국번없이 1357
중소기업진흥공단	http://hp.sbc.or.kr/websquare	지원사업
창업진흥원	www.kised.or.kr	
창조경제혁신센터	https://ccei.creativekorea.or.kr/	각 지역 센터
한국경영자총협회	www.kefplaza.com/	
한국고용정보원	www.keis.or.kr	
한국사회적기업진흥원	www.socialenterprise.or.kr	사회적기업 통합정보시스템
한국예술인복지재단	www.kawf.kr	예술활동증명
한국장애인고용공단	www.kead.or.kr	
한국직업능력개발원	www.krivet.re.kr	
한국청년기업가정신재단	www.koef.or.kr	
K-Startup	www.k-startup.go.kr	청년창업사관학교

※ 이 책을 집필하는데 직간접적으로 활용한 사이트를 정리했으며 주요 참고 사항 등을 확인하면 실제 도움이 됩니다.

찾아보기

[ㄱ]

가독성 191
가맹업 110
가맹점 26
가업승계 139
가족기업 66
간이과세자 137
개별소비세 134
개인사업자 137
개인정보 보호법 128
개조 96
갭이어족 174
거래적 리더십 81
거짓 채용광고 123
건강보험 142
결단력 74
결합 92
경상비 231
고용 108
고용보험 142
고용상 연령차별금지 및 고령자

고용촉진에 관한 법률 125
고용안정장려금 143, 148, 149
고용유지지원금 143, 150
고용장려금지원제도 148
고용정책기본법 124
고용창출장려금 143, 148, 149
고용환경개선지원 143
구체성 197
국가유공자 등 예우 및
지원에 관한 법률 127
국가직무능력표준 162
국민연금 142
국선대리인 제도 141
국세상담센터 142
국제노동기구 161
국제표준직업분류 161
근로소득세 원천징수 135
근로장려금 147
기업가정신 61
기업마당 235
기타 소득공제 135

[ㄴ]

남녀고용평등과 일 가정 양립
지원에 관한 법률 125
네이버밴드 216
노령연금 143
논리성 191
니트족 174

[ㄷ]

다른 용도로 사용 96
단서 91
단식 부기 70
대체 96
도전정신 74
두루누리 사회보험 지원사업 142
뒤집기 96
디자인보호법 114

[ㄹ]

리더십 79

· Index 찾아보기 ·

[ㅁ]
마을기업 229
마인드맵 98
마케팅믹스(4P's) 213
맞춤형 지원 242
매매 108
면세사업자 137
명확성 197
모범 납세자 140
몰입 87
문제 인식 87
문제해결력 75
미스매치 38
민법 106

[ㅂ]
박스 라이팅 98
반사회질서 107
반환일시금 144
밴처 캐피탈 24
번뜩임 87
법인사업자 137
법정자본금 231
벤처기업 24, 45
벤처기업육성에 관한
특별조치법 113
변혁적 리더십 80
복식 부기 70
부가가치세 134
부당이득 109
부정경쟁방지 및 영업비밀보호에
관한 법률 121

부정청탁 및 금품등 수수의
금지에 관한 법률 133
불공정 107
불법행위 109
브랜드파워 26
브레인라이팅 97
브레인스토밍 97
블로그 215
비교대상자 151
비영리법인 106
비정규직 차별시정제도 150

[ㅅ]
사내 벤처 65
사망일시금 144
사업계획서 197
사업비 231
사업 외 수입 231
사업 인수 26
사회적기업 협동조합 228
사회적협동조합 229
산재보험 142, 144
상법 109
상속개시일 140
상속공제제도 140
상황론 79
상황판단 75
생명윤리 및 안전에
관한 법률 129
생활안정자금 145
설득력 74
성년 106

성인지감수성 131
성희롱에 관한 기준 129
세금포인트 제도 140
소득세 134
소멸(Death)기업 52
소멸률 56
소셜 벤처 45
소셜벤처 229
소제목 190
수정 96
숙련기간 158
순재산 231
스캠퍼 96
스타트업 24
스트레스 관리 81
시각화하기 192
시장 전략 208
신생(Birth)기업 52
신생 직업 172
신용 69
신의성실 106
신입사원 42
신직업 173
실업급여 144
실용신안법 117
실패 77, 252

[ㅇ]
액셀러레이터 24
영감 단계 88
영리법인 106
영세납세자 지원단 제도 141

예비사회적기업 229
예술인 복지법 128
요양급여 144
우리말 194
운칠기삼 256
위험 수용 74
유사명칭 161
유족연금 143
육아휴직급여 144
육체활동 160
의사표시 107
의심 89
이해관계자 분석 212
인간관계 76
인생 2모작 257
인생 3모작 257
인스타그램 216
인적공제 135
인터넷 카페 214
일반과세자 137
임대차 107
임의적립금 231
잉여금 231

[ㅈ]

자금 조달 76
자기계발 75
자기 주도성 74
자기 통제 75
자녀장려금 147
자활기업 229
작업강도 159

작업환경 160
잠복 단계 87
장부 기장 139
장애연금 143
장애인고용촉진 및
직업재활법 125
장애인 조세지원 제도 140
장애일시보상금 144
장인정신 78
재무회계 70
재배열 96
재적생 28
재정의 90
저작권 118
저출산 고령화 178
전국사업체조사 166
전세권 107
정규교육 158
제거 96
제목 189
제안서 200
조합 96, 109
주식회사 109
중간 제목 190
중소기업 157
중소기업기본법 111
중소기업 조세지원 제도 141
중소기업창업 지원법 112
중소기업 청년 추가고용
장려금 148
중앙부처 222
증여세 139

증여자 139
지식재산권법 114
직무기능 159
직업 158
직업능력 개발 148
직업사전 158
직업안정법 124
직종 158
징수유예·납부연장 제도 141

[ㅊ]

창립총회 231
창업 20
창업기획서 197
창업률 46
창업 생태계 221
창업자금 79
창업 지식 76
창의력 85
창조경제혁신센터 227
채용절차의 공정화에
관한 법률 122
책임감 74
청년내일채움공제 148
청년창업사관학교 225
청년창업중소기업 139
청장년 고용지원 143
체감실업률 41
최저임금법 122
최저임금제도 145
취업규칙 151
취업준비 41

· Index 찾아보기 ·

[ㅋ]

카리스마 80
카카오플러스친구 216
크라우드 펀딩 24

[ㅌ]

타이밍 211
퇴고 192
퇴직연금제도 147
트리즈 99
트위터 215
특별 소득공제 135
특성론 79
특허법 114

[ㅍ]

패러디 95
퍼실리테이터 100
페이스북 216
폐업률 46, 56
표준계약서 238
프랜차이즈 26
프리랜서 27
피상속인 140

[ㅎ]

학생창업자 49
한국고용직업분류 162
한국표준산업분류 161
해석력 75
행태론 80
허위과장광고 124

협동조합 229
호기심 89
홈페이지 215
확대 96
확인 단계 88
확정일자 138
활동(Active)기업 52

[번호]

1인 창조기업 육성에 관한 법률 113
3C분석 212
4대 보험 142
4차 산업혁명 19
5-Forces 모델 212
50 플러스 257
100세 시대 257

[영문]

K-startup 233
PEST 분석 211
Plan B 210
PMI 99
positioning 213
SNS(social network service) 214
SWOT 분석 212

■ 창업과 기업가정신에 관한 10가지 물음

1. 죽기 전까지 얼마나 돈을 모으고 싶은가?
_____

2. 내가 꿈꾸는 창업은 무엇인가?
_____

3. 어떤 제품이나 서비스를 만들고 싶은가?
_____

4. 내가 존경하는 기업가는 누구인가?
_____

5. 나는 어디에 취업하기를 원하는가?
_____

6. 한 달에 얼마를 벌고 싶은가?
_____

7. 내가 생각하는 성공이란 무엇인가?
_____

8. 나는 신용 있는 사람인가?
_____

9. 가장 부러운 사람은 누구인가?
_____

10. 내가 좋아하고 잘 하는 것은 무엇인가?
_____